协和医学院系列规划教材
医院领导力及管理系列教材

U0965716

医院文化

（供卫生管理、医疗管理专业使用）

主　编　王一方　张瑞宏
副主编　段文利　谢广宽　张　旭　王双苗
编　者　（以姓氏笔画为序）
王一方（北京大学医学人文学院）
王双苗（广东医科大学）
李　渊（昆明医科大学第一附属医院）
张　旭（甘肃省妇幼保健院/甘肃省中心医院）
张　峻（昆明医科大学海源学院）
张秀花（北京大学第三医院）
张瑞宏（昆明医科大学人文与管理学院）
陈　静（中国癌症基金会）
段文利（北京协和医院）
祝金晶（北京协和医院）
夏　萍（广东省中医院）
董　琳（北京协和医院）
焦　静（北京协和医院）
谢广宽（北京大学医学人文学院）
蔡　昱（云南财经大学应用伦理学中心）

中国协和医科大学出版社
北　京

内容简介

本教材是“医院领导力及管理系列教材”之一，主要从医院中的文化、医院与文化两方面进行阐述，前者关注医院这个特定场域中的文化建设问题，后者则是探究医院运营与文化建设之间的互动关系，内容包括医院文化建设的理论与研究方法，医院的使命、愿景与院训，职业精神的锻造，职业幸福与利他快感，科室文化的积淀与优化等，更加贴近医院运营的实际，更具有指导性、实操性。本教材主要供卫生管理、医疗管理专业教学使用，也可供临床及相关专业人员参考使用。

图书在版编目（CIP）数据

医院文化 / 王一方，张瑞宏主编. — 北京：中国协和医科大学出版社，2022.7（2024.12重印）.
（医院领导力及管理系列教材）
ISBN 978-7-5679-1925-9

Ⅰ. ①医⋯ Ⅱ. ①王⋯ ②张⋯ Ⅲ. ①医院文化—教材 Ⅳ. ①R197.3

中国版本图书馆CIP数据核字（2022）第112533号

医院领导力及管理系列教材

医院文化

主　　编： 王一方　张瑞宏
责任编辑： 刘　婷
封面设计： 许晓晨
责任校对： 张　麓
责任印制： 黄艳霞

出版发行： 中国协和医科大学出版社
（北京市东城区东单三条9号　邮编100730　电话010-65260431）
网　　址： www.pumcp.com
经　　销： 新华书店总店北京发行所
印　　刷： 小森印刷（北京）有限公司

开　　本： 787mm×1092mm　1/16
印　　张： 11.25
字　　数： 210千字
版　　次： 2022年7月第1版
印　　次： 2024年12月第2次印刷
定　　价： 53.00元

ISBN 978-7-5679-1925-9

医院领导力及管理系列教材

建设指导委员会

Introduction

出版说明

随着我国医药卫生体制改革的深入，卫生事业对医院的要求在不断提高。医疗管理工作是医院建立正常医疗秩序、提高医疗服务质量的重要保证。医院的管理系统非常复杂，发展极其迅速，且面临不断深化的改革要求，这对医疗管理人才提出了更高的要求。目前，我国医院的管理干部，大部分为医务人员转型而来，虽具有精深的专业知识，但仍缺乏系统、全面的管理知识。随着公立医院整体进入转型发展期，我国亟须培养高素质的职业化卫生管理及医疗管理人才队伍。

教材作为承载知识的重要载体，对于培养高素质人才发挥着重要作用。党的十八大以来，党中央高度重视和关心教材建设。在我国高等教育体系中，教材建设是提高高校教学水平、丰富教学内容以及促进教学方法改革的基础性工作；是发展高等教育，培养综合型人才、创新型人才的基础。

为适应卫生管理及医疗管理的新要求，培养适应新时代卫生管理及医疗管理的相关人才，中国协和医科大学出版社深入贯彻《关于推动公立医院高质量发展的意见》《关于建立现代医院管理制度的指导意见》及《关于加强公立医院运营管理的指导意见》等文件精神，在中国医学科学院北京协和医学院的支持下，开创性地组织了本套医院领导力及管理系列教材的编写工作。编委会集结了二百余名业内知名专家、学者、教授及一线教学老师，在鲜可借鉴同专业方向教材编写经验的情况下，对医疗管理理论、方法、人才培养机制等进行探索研究，悉心编撰。

本套教材涵盖卫生管理、医疗管理专业课程共计17门，定位清晰、特色鲜明，具有如下特点：

一、建设成体系的卫生管理、医疗管理专业教材，引领学科发展步伐

本套教材作为成体系的卫生管理、医疗管理专业教材，充分研究论证相关专业方向人才素质要求、学科体系构成、课程体系设计和教材体系规划，代表了卫生管理、医疗管理学科的发展方向。

二、引入国际最新理念和方法，与时俱进

教材紧密结合卫生管理及医疗管理专业培养目标、高等医学教育教学改革的需要和卫生管理及医疗管理专业人才的需求，引入国际最新医院管理理念及方法，内容与时俱进、开拓创新。

三、融入经典管理案例，突出实践性教学

教材内容对接医疗管理职业标准和岗位要求，将国际最新案例融入其中，重视培养学生理论联系实际、实践操作和独立思考的能力。

四、纸数融合，使学习更便捷更轻松

教材采用纸数融合形式出版，即在纸质教材内容之上，配套数字化资源，通过图片、动画、视频、课件等多种媒体形式将内容进行呈现，以优化教学内容，丰富教学资源。读者可以直接扫描书中二维码，阅读与教材内容相关联的课程资源，从而丰富学习体验，使学习更加便捷。

希望本套教材的出版，能够推进高质量卫生管理及医疗管理专业人才的培养，促进我国卫生管理、医疗管理学科或领域的教材建设与教育发展，为引领我国医疗卫生机构管理走向科学化、规范化、标准化与现代化作出积极贡献。

Preface
前　言

医院管理与医院领导力建设是一项十分重要的系统工程，相较于本系列教材的其他科目，《医院文化》有几个鲜明特点：一是主题宏阔，二是紧随时代，三是内容弹性。虽然该主题研究文献比较丰富，但可参照的建构性框架并不多，直白地说，就是没有作业可“抄”，既不能“抄”西方医院文化管理的作业，也不能“抄”企业文化管理的作业，更不可能“照着（别人的课本）讲”，只能“接着讲”（立足于中国医院文化管理的实际），甚至“重新讲”（独立思考，推陈出新）。这就需要编写组同仁广罗原野，博采众长，消化融会，自成一体。也就是说，现今的这一体系框架具有较为鲜明的原创性。

无疑，在医院文化的“深水区”建构，源自于我们曾经深耕“医院人文”“医学人文”的底气，但人文与文化毕竟还有相当的距离，前者偏重于学理，后者偏重于实务，也就喻示编者要在学理（理论思维）与实务（操盘技能）的关系上融会贯通。好在编者的职业构成与学术素养具有这两方面的优长，融通起来还比较得心应手。我们不仅要关注“是什么”，阐释“为什么”，还要介绍“怎么做”“如何评价”，或者倒过来看，知道“怎么做”，还要知道“为何这么做”“这么做的意义是什么”。也就是“知其然”，还要“知其所以然”；“有所为”，还需知晓“何以能为”“何以巧为”。

平心而论，《医院文化》不是医院管理的“风暴眼”，但却很有几分“意思”，是领导力中哲思、风格、风范之所在，也很有那么点“意蕴”，是领导人职业内涵、个人修养的“内家功”，做好了，自然很有“意义”，它是医院管理从“自然王国”进化到“必然王国”的突破口。说这么多，意在提醒学员们在这门课的学习中多用些脑力、心劲，别把这门课“忽视”，甚至“忽略”了。

感谢本套教材建设指导委员会的信任，让我们这几位来自医学人文理论研究团队与医院管理实务团队的朋友能聚合在一起，有幸参加这一宏大体系的建构。承担《医院文化》分册的编写工作，深感责任重大。《医院文化》中有些话题在其他文献中或论而不详，或详而不审，这份披沥出新的努力值得编者自许，也有几分忐忑，如同游泳划向深水区，离岸边远了，风险就大了。同样，教材的内容离既有认知远了，自然可商讨的、可批评的地方也就多了，欢迎这门课的教员与学员与我们商榷，以期共同进步。预祝“医院文化”这门课的教员与学员们都在这门课上收获满满。

编　者

2022年5月

Contents

目　录

第一章　导　　言

学习目标

1. 熟悉　医院文化的基本内涵。
2. 了解　医院文化的时代特点与医院文化中的横断性和哲理性。
3. 理解　党建引领医院文化建设的政治逻辑及实现机制。
4. 把握　当代医院文化的框架图及其逻辑关联。

第一节　医院文化的基本内涵

文化是什么？大致可以分而析之，“文”是文脉积淀，包含历史沿袭、传统归属与价值诉求、精神气质、生命境遇、人生与事业追求；“化”是教化养成，包含着滋养人、激励人、塑造人、提升人、改造人，催生出高尚、纯粹、良善、厚道的人生与职业精神。

事业如山，文化如水，领导力是柔性的、混沌的，却是坚强的，它是充满哲理的管理智慧，凸显出更高的生命理性。按照哲学家康德的理解，它是超越纯粹理性的实践理性，是心灵化的判断力。通常好文化都是“熏染”出来的（如北京协和医院经验），是经历大风大浪、危机转圜之后“锻造”出来的（如伟大的抗疫精神）。

关于医院文化和领导力，王辰院士曾指出，它是价值工程，核心是价值塑造、价值引领、价值规范。现代医学不只是工具价值的集合，更是理性价值、精神价值的汇聚。在本教材中，医院文化有两重认知，交互展开。一是医院中的文化，二是医院与文化，前者关注医院这个特定场域中的文化建设问题，后者则是探究医院运营与文化建设之间的互动关系。鉴于“文化”的定义十分丰富，既包括观念文化、制度文化，又涵盖行为文化、物质文化，传导到医院文化，凝聚成四个要素，包括精神（职业信仰、愿景、宗旨、价值观）、制度（规范、规矩、典章、礼仪）、行为（模式、习惯、默会技能）、物质（高雅的工作场所、优渥的待遇与有吸引力的激励）。在相关章节会做较为全面系统的理论阐释，一个“务实”的策略是本教材将“医院文化”有针对性地“落地”为“医院人文”，从而聚焦于医院中的职业信仰、职业精神、职业素养，协调好价值与工具、科学与人文、技术与人性、制度与人伦、效率与公平的关系，使之更加贴近医院运营的实际，更具有指导性、实操性。

无论是医院文化，还是医院人文，都在医院管理中占据重要的地位，凸显出鲜明的中国特色、中国路径、中国价值。譬如公立医院发展的基本范畴是公益性与市场性、技术与人文的张力，持续的技术创新与服务优化被列为医院高质量发展的两翼，缺一不可。医院文化建设的基本路径被归纳为“党建引领，医德医风”，核心是党委领导下的院长负责制的落实，医学的道德属性、医生的道德素养的全面提升，其基本原理是患者与员工两个“全人关怀”理念，贯穿躯体、情感、心理、精神、尊严、自我实现，取得医患双满意度、双获得感。

医院文化旨在推动“四风”（行风、院风、科风、作风）的持续优化。追求患者-员工双满意度，开创新时期医院服务模式、品质的崭新局面。更深入地讲，“四风”俱佳的人文化管理，其本质是灵魂的修补与修炼，医院的每一个角落都能倾听到崇高生命价值的呼唤，领悟到生命神圣、医学神圣、医者神圣，置身于医院救治、照护的境遇中，时时刻刻在意自身的品德、品行、品格、品位，并时时刻刻反省自身的缺失，不断磨砺心灵与意志，工作中不满足于躯体的劳作，还汲取心灵成长的智慧，学会在职业挫折中修补人格、修炼意志，在高洁的白大褂之下寻求安身立命之本，以感恩之心驱动利他之志，抵达人生圆满。

要深入认识医院文化，还必须从医院的特殊地位说起。人类卫生健康事业离不开医学、医院、医生三个核心要素，其中医院是价值枢纽，医学需要通过医院展示其功能，医生需要在医院的服务平台上展露其风采，可以说，现代医学就是医院医学为主导，家庭医学、个体保健为补充的医学体系。如果说医学是医生以健康文化为画布绘出的健康生命图景，医院文化就是生命文化、健康文化、疾苦文化、死亡文化、救疗文化的大舞台，崇尚人道主义的职业精神、场所精神、志愿者精神，弥漫着利他主义的道德与人格魅力，也充斥着技术主义的傲慢与偏见。今天，医院也是医改的主战场，医疗服务模式、水准，医疗费用的消耗与控制都发生在医院里，医患关系的紧张与和谐也通过医院来显露。医院还总是暴露在新闻的聚光灯下，生老病死是人们关注的热点，也是媒体永恒的主题。褒扬也好，针砭也罢，总是带着价值与道德的审视，而非技术与金钱的考量。

医院文化建设基于医院人文认知、人文境遇与组织运作的独特性而具有原则性、实操性，集科学因素、企业因素、机关因素、学院因素、宗教情怀因素、人性因素于一炉。如前所述，医院文化是有根的（厚重、厚实、厚道）管理，有丰富、扎实的理论基础，它是二元的，文化中有科学内蕴，文化与科学有互洽性，也有类型差异，不完全是互文关系，也不完全交集，因此可以借鉴科学管理中的Z理论、组织行为理论、马斯洛的需求层次理论、企业文化管理学说。

衡量领导力的标志在于具备非凡的洞察力，能把握务虚与务实的张力。面对高新技术的不断涌现，医院文化也在一些管理者那里遭遇着认知上的遮蔽。一方面是认知偏狭，表现为重技术、轻人文，重项目管理、轻文化管理，根源是偏重物化，忽视人的价值，久而久之，就会在不断的物化中迷失人道主义的终极目标；另一方面是知行迷失，出现许多尴尬局面。一些管理者认为医院文化如同客厅里的“花瓶”，人人都夸它美，但人人都不曾去端详它；医院文化也犹如书架上的“名著”，人人都觉得应该认真读，但人人都不曾去认真读它；还有一些管理者认定医院文化贵在个性，如同“牙刷”，人人都有自己的一把，不会用别人的，自己琢磨就好了。其实，医院文化是“领袖”，是“盐巴”，份额不大，分量不轻。因此，成熟的医院管理者必须直面医院管理中文化建设的难点、痛点，以新文化建设为引领，以价值工程为抓手，纾解当下办院的各种压力，包括医院运营的经济压力，如财政公益性不足的情形下的医院创收、盈亏、费用问题；办院的学术压力，如实力、排名；办院的社会（体制、机制）压力，如医改的诉求与标尺、医患共同体的认同与认可、各种满意度考核；办院的媒体压力，如在自媒体环境下如何弘扬正能量，减少负面报道与针对医生的妖魔化、医学的污名化；办院的道德压力，如道德旗帜的树立、典型人物的甄选、服务明星/楷模的宣传；办院的名誉压力，如美誉度、口碑传播；办院的制度压力，如管理水准、员工的顺应性；办院的队伍稳定性压力，提升凝聚力。从这个意义上看，医院文化就是统筹、平衡、驾驭各种复杂局面的智慧。

医院文化是领导人文化性格的呈现，一个医院的精气神折射出主要管理者的价值取向、精神追求、人格魅力、管理艺术。无疑，医院文化的定位与领军人物的立场、姿态、文化魅力息息相关，考量他们以怎样的价值追求来创办、管理医院。是政治家（价值观至上）办院，还是技术专家（唯技术路线）办院？其实，实践中并不是单一的“优先论”，而是多元、多路径的叠加，兼容并包。其一，必须倡导政治家办院，把“健康中国”使命扛在肩上，最大限度满足人民群众的健康、医疗需求。其二，应该倡导经济学家办院，把医院经济规律的探索与驾驭作为中心任务。将资本思维、保险思维、机制为特色的运营机制探索作为中心任务。其三，应该倡导管理学家办院，把医院运营、管理的最优化作为中心任务，提升医院品牌、品质、品位。其四，作为专业性很强的服务机构，应该倡导临床、技术专家办院，把占领医学前沿、培育特色技术、发展优势学科作为中心工作。其五，应该尊重医院的历史传统，倡导慈善家办院，把对患者苦难的眷顾以及医护的慈悲、悲悯、关怀能力建设作为工作重心。应该呼唤并造就一批有魅力的管理专家，只因医院里聚集了一群特别有魅力的人，技术魅力、人格魅力、道德魅力兼备。

在现代医院管理的谱系与流程中，无疑要重点强化制度规范，但过分强调规则，过于刚性，就缺乏人情味。同样，医院管理者运用好手中的物质激励很重要，但过分强调则流于物欲化，缺少精神动力。因此，医院文化的核心是价值领航，是精神感召、典范引路，但当下还缺乏润物细无声的内化机制，未能做到以柔克刚。好的医院文化境遇中，价值引领促进个体道德自律，自觉的行为内省与自我规训，如果这些隐性修养缺位，就不算是有“有根”的管理。卓越的领导人都追求“有根”的管理，其真谛是立规-树德、立威-布德，如果把管理比喻成一棵大树，立规令其枝叶繁茂，树德才能根脉深广，在医院管理的实践中，立规快、树德慢，立规易、树德难。管理的根是德行、德性，是职业信仰-职业精神-职业信任，是对国家/医院的忠诚，是信念的坚定性、向善的执着，其培育耐性与耐心、抵制立竿见影的功利观。因此，医院文化建设可以具体理解为学风、院风、科风、作风的全面升华，要创造风清气正的良好氛围，其中领导人的率先垂范十分关键。

第二节　医院文化的时代性与哲理性

一、医院文化的时代性

医院管理者的领导力常常体现在对医院文化时代性的把握上，当下与未来一段时期里，医院文化有何新潮流？那就是越来越多的管理者相信：作为软实力与巧实力的人文竞争力将先于、高于技术竞争力，最终将成为新的核心竞争力。纵观当下医院竞争的新战略与新优势，技术-人文、效率-人性、硬实力-软实力双轨协同效应更加凸显，基于技术-人文两个翅膀共振齐飞的新认知，许多医院开展“医学人文年”活动，甚至提出“人文医院”再出发的新理念，这些活动与策略富有远见。无疑，技术（工具）竞争时代已经抵达天花板，正转向文化（价值）竞争时代。只因技术硬实力决定患者疗效的有无、高低、快慢，而人文软实力决定患者依存度、亲和度、满意度（服务黏性）、就医体验（去留）、医患关系的和谐与冲突。因此，从新竞争格局而言，同等级医院高精尖设备早已均等化、齐一化，技术水准也大致齐同，且新技术的开展面临着获益与风险并存的局面，医院需要更多的人文滋养，医院之间的竞争正在转向人文的差异性。规模比拼有拐点，规模超过某一限度，患者的服务感受与满意度会下降；

发展重点优势科室会受服务半径、病种分布、人才分布规律制约，每个医院科室水平都有长有短；临床科研优长与论文发表会在“圈内”产生某种优越感，但只是医生有感、患者无感。患者、社会有感的是医院不断提升的服务品质，对于这样的品质患者可感，入眼入心。因此，服务文化的锻造既是软实力，也是巧实力。犹如管理学“木桶原理”的新解读，技术、管理进阶只是补短板，人文、服务改善则是强底板，倘若底板漏水，短板再怎么补齐也无益。

医院人文的基本内涵有二：一是服务中的以人为本，无论是“以患者为中心”，还是“以员工为主体”，都更加重视人的顺应性（依从性）、能动性；二是管理流程中与人为善，以关爱、关怀、支持为手段，管少理多，使被管理者心诚悦服地接纳管理并延伸管理。其理由也有二：其一，患者是身心蒙难的弱者，不仅需要躯体层面的关怀、疗愈，更需要心理、社会、精神层面的眷顾、支持、照护、抚慰、安顿；其二，医院的主体是医护人员，作为知识型员工，其精神和情感层面的需求更丰富，他们的岗位和工作有更严格的规范化、标准化要求。简单的行政命令、粗暴的支配式管理、生硬的规章制度、纯粹以经济杠杆衡量的目标责任制，都不是最好的管理形式。

常常有人问，医院能承诺什么？这是一个技术与人文的张力话题，承诺与满足之间存在永恒的缺口。从医院文化的角度看，不是服务者承诺了什么，而是被服务者感知满足了什么，其心理、道德底线觉得应该满足什么。即使在医疗技术高度发展的今天，我们也无法承诺超级疗效以及不可重复的医疗获益。但我们可以承诺给予超出患者预期的关爱、无处不在的关怀（慈爱文化），承诺超出同行水准的科间协同与组织支撑力、跨科联盟、全科诊察、专科介入、精准处置（协作共进的组织文化）。因此，医院文化的特征是“无形胜有形”，有形的药物、手术、制度总是有盲点，而无形的照顾与服务（共情、关怀、支持、照顾患者，保护其隐私、舒适，维护其尊严）具有无限的潜力。

纵观当前医院高质量发展的新形势与新使命，“新文化”建设正在成为医院发展的新杠杆。2021年6月，国务院办公厅印发《关于推动公立医院高质量发展的意见》，从六个方面部署了推动公立医院高质量发展的重点任务，确立了今后5~10年我国公立医院发展的纲领与航标。任务清单如下：构建公立医院高质量发展新体系；引领公立医院高质量发展新趋势；提升公立医院高质量发展新效能；激活公立医院高质量发展新动力；建设公立医院高质量发展新文化；坚持和加强党对公立医院的全面领导。2019年，医院“国考”开考。这一年的年初，国务院办公厅发布《关于加强三级公立医院绩效考核工作的意见》。其中，涉及医院人文（服务能力与品质）的主要指标有优质护理服务病房覆盖率；执业医师日均住院工作负担（规范医师工作量，避免超载）；公共信用综合评价等级；院内三个满意度（患者门诊满意度、患者住院满意度、医护在岗满意度）及患者-医护满意度剪刀差问题。这一系列量化指标的出台将医院文化建设推高到精细化管控的水准，对于弥合党建－业务管理的剪刀差、技术与人文的剪刀差、职业精神－职业幸福剪刀差、院风－科风－作风的剪刀差大有裨益，这些剪刀差的本质是医院发展不平衡、不充分的问题，是价值理性与工具理性的分离。

二、医院文化的哲理性

在医院领导力与管理学的权重谱系里，医院文化属于“重要而不紧急”的选项，缘于此，每每产生两极化的认知，有人重视它，也有人轻慢它。说它重要，是因为它牵系医院的办院宗旨、精神气象，是旗帜，是纲领；说它不紧急，是因为急火猛烧的办法无法解决好医院文化建设的任务设定，它需要久久为功的韧劲，这对领导力、管理艺术也是一个测试。

众所周知，医院管理头绪多而繁杂，管理者们的核心关注有很多，如医疗安全、学科建设、团队建设、医院品牌、美誉度、患者口碑、满意度，但这些背后都需要医院文化的支撑。譬如，北京协和医院的安全文化就是提供一整套“容易做对，不容易做错”的长效制度、行为选择等，包括部门安全环境的内部即时评估机制、药品入场遴选的廉政长效机制、药品安全使用的路径约定、手术安全的避险纠错网络、不良事故第一时间（主动－免责）通报－处置制度、医院感染防范的多学科诊疗（MDT）会商机制（安全办－院感办－护理部－检验科微生物检验分部－药剂科－感染科参加的联席会议）。

医院管理者心心念念的学科建设，表面上是专业进阶、学术精进，但实质是科风建设，是求真务实、精益求精、不断创新、新益求新的学风锻造，是学术带头人胸怀、气度、学术魅力的呈现。同样，团队建设，俗称“带队伍”，也离不开医院文化的滋养。团队建设的理想境遇是领导知人善任、从善如流；员工吃苦耐劳，既能干，又肯干。但实际情况并非如此，领导与员工之间总是存在各种不协调，领导决策与部门执行力脱节，“高点－低面”，常常是决策水准高、执行水准低，有人“能干却不肯干”，有人“肯干却不能干”，有人“既不能干也不肯干”。靠规范岗位职责流程、严肃纪律、严格考核整顿队伍，都不一定有明显效果。解决这个问题，只有靠文化氛围、场所精神、典型引路来综合发力，才能重塑医院风尚，才能使院风高洁、科风清朗、作风正派成为现实。核心是重新厘定医院的价值位序，明确观念行为的是非曲直、高下清浊，弘扬正确的价值观、高尚的职业精神、纯粹的职业幸福体验。

成熟的管理者心中要有“太极图”，外圆内方，亦圆亦方，善于运用辩证思维处理疑难问题，办事不虚、不泥、不拘，把握好一系列范畴与张力，如知与行、人性与物性（效率）、理性与感性、知性与悟性、量化与质性、务虚与务实、柔性与刚性。除此之外，尤其要悉心琢磨、体会医院管理中的诸多悖论，运用相反相成的智慧去娴熟驾驭、艺术化平衡。

（一）科层悖论

医疗决策究竟听谁的？医院里每每会出现主任权威大于院长权力的现象。在许多院内决策中，行政权力让位于技术权威，似乎违背了科层制原则（柔性等级制），向刚性、僵化的官本位提出了挑战；在行政系列里，长官意志至上，一级管一级，而在医疗决策中，行政院长服从学科专家。因为专家的仲裁权与原创力是医院的核心竞争力。医院学科建设的核心是摆脱人为的桎梏与解放个性，这种“逆袭文化”恰恰是医院活力的源泉。

（二）主客悖论

医疗活动中，医护无疑是服务主体，医院是主场（相对于家庭医学），但医疗决策的原则却是弱者诉求优先、患者利益至上，医生必须放低身段，去倾听患者的声音，给予陌生者及无权势、缺钱财的患者更多的人道眷顾与人文关爱。通俗化解读，那就是医疗决策既要尊重科学、遵循规范，又要听命于患者的情感、意志偏好。适时变通，引导医护人员在诊疗服务中能屈能伸、张弛有道，努力做到冷静而不冷漠，淡定而不淡漠，职业神圣而有温度，高贵而不傲慢，实现医者亲和力与权威性的统一。

（三）是非悖论

医院运营必须在不确定的医学、无常的生死归途中寻求确定性的优质服务、高效管理。100年前，医学大师威廉·奥斯勒（William Osler）指出：“医学是不确定的科学和可能性的艺术”，这一箴言被后人称之为“奥斯勒命题”。这一命题揭示了生命、疾病转归、苦难与死亡降临具有永恒的不确定性、生命的独特性、医学的不确定性、干预的多样性、疗愈进退的不稳定性，赋予医学以神圣性，也赋予医院文化以特殊性，它具有更多的人性开阖（情感、意志等心理、社会、文化习俗投射）。

医院中常常出现“人财两空”的窘境。即使在医疗技术高度发达的今天，还有相当多疾病病因、病理不明确，病情进展不可控，疗效不确定，预后（向愈、恶化、残障、死亡）不可测。因此，临床医学是不完善的，更是不完美的，诊疗项目是必需的，花费是必需的，而且越来越大，医院、医生的技术、精力投入是必然的，医疗探索与职业进取是积极的，但依然不能改变这个不确定性的现实困境。对于患者及其家庭来说，可能的局面是以确定的（高昂的）经济支付与难以忍受的苦难体验换来完全不确定的疗效和预后，以高代价、高风险换取低（零/负）医疗获益，可能出现人财两空的结局，使得患者及家属“花钱买命”与“花钱赌命”的希冀破灭，造成巨大的心理失衡。

如何因应“人财两空”的局面？管理者不能无端地指责医护人员，而要弄明白究竟是无计可施，还是有计难施，或是有技误施，厘清“无过失”伤害、“不可抗力”危机，帮助患者与家属树立风险与代价意识，破除“零风险”“低代价”的侥幸心理，这就考验着管理者的人文智慧。无疑，医学常常是在与死神做交易，抢救室里从来就没有生机无限，只有命悬一线、危机重重，医者满腔热情的救治可能换来的是回天无力、万般无奈，这不是管理流程与细节上的缺陷，而是人生的“宿命”。在诸多全力抢救无效的案例中，人文管理的要义是突出“尽心了”“用力了”的全力与抢救，而非“无效（无力-无奈）”的结局。医护人员要思考如何帮助患者接纳苦难和死亡。

（四）伦理原则与伦理境遇悖论

医院倡导不伤害原则，但手术、药物本身就是对躯体完整性与功能元状态的伤害，关键在于如何处理相对伤害与绝对伤害的关系。医院倡导获益原则，治疗中只能期望小伤害（代价）博取大收益，但真实世界里也可能是以大伤害（风险）获取小收益。医院倡导自主原则，但急诊手术因情况紧急存在医方代理决策的境遇（无法做到知情同意）。医院倡导公正原则，但由于优质手术资源短缺，使得就诊、候床、择期、择人存在巨大的人为裁量空间，无法做到绝对公平，只能追求相对公平，遵循先到原则、重症优先原则。

（五）职业情感与道德悖论

医院、医生常常被赞颂为危厄中的“逆行者”。这不仅体现在人类灾难时刻，也体现在道德与情感的斜坡上。他们必须在一个价值多元的时代依然坚定地追求利他的职业价值，明白利他即利己、助人即助己的道理；在一个少数人信仰动摇的时代依然保持坚定的职业信仰，敬佑生命，救死扶伤，甘于奉献，纯粹厚道；在一个关爱不足的时代依然在诊疗中保持爱的温暖并不懈地传递着人间大爱；在一个利己主义仍有市场的时代依然保持敬畏悲悯之心，在一个视天真为幼稚的时代依然保持天性与率真，在一个道德重建的时代率先践行共情-共荣的医患信任，超越利益共同体，率先缔结情感-道德-价值共同体。

第三节　党建引领与医院文化建设

一、党建视域下医院文化建设的政治逻辑

改革开放伊始，我国公立医院改革取得了重大成效，文化建设呈现蓬勃发展之势，

迸发出前所未有的生机活力，成为激励干劲、引导发展的重要力量。习近平总书记在2016年全国卫生与健康大会上强调："把人民健康放在优先发展的战略地位。"这是党对人民的郑重承诺，彰显着党的人民情怀。使命决定方向，全力构建"以人民健康为中心"的医院文化体系，是当代医院文化建设的总体方向和发展思路。

文化是一个国家、一个民族的灵魂。文化兴国运兴，文化强民族强。文化自信，是更基础、更广泛、更深厚的自信，是更基本、更深沉、更持久的力量。医院文化属于卫生健康文化，是中国特色社会主义文化的重要组成部分。在党的精神谱系中，新时代"生命至上、举国同心、舍生忘死、尊重科学、命运与共"的伟大抗疫精神和"敬佑生命、救死扶伤、甘于奉献、大爱无疆"的崇高职业精神，为卫生健康事业提供了丰富滋养。

2021年6月，国务院办公厅印发的《关于推动公立医院高质量发展的意见》突出强调了医院文化建设的政治引领与党性原则：坚持和加强党对公立医院的全面领导，全面执行和落实党委领导下的院长负责制，加强公立医院领导班子建设和干部人才队伍建设，以优良的院风和作风勇挑高质量发展的责任与使命。党建引领医院新文化建设，撬动公立医院高质量发展，这是党建视域下医院文化建设的政治逻辑，是对医院文化建设新使命的纲领性指导。

第一，坚守"政治性"。公立医院是党领导的卫生健康战线的主力军，是党联系人民、服务群众的重要窗口，必须始终坚持和加强党的全面领导，筑牢医院文化建设的政治底色。要以不断满足人民群众对美好生活的向往为努力方向，始终站稳人民立场，坚守人民阵地，兑现"为人民服务"的政治承诺，为此要充分发挥党委"把方向、管大局、作决策、促改革、保落实"的作用，团结带领各级党组织和广大党员干部职工，凝心聚力，协调各方，将党建引领始终贯穿医院工作的全方位、各环节。

第二，突出"时代性"。当前，在全面建成小康社会基础上全面建设社会主义现代化国家，顺利实现"两个一百年"奋斗目标有机衔接，是我国发展中十分紧要的一步。习近平总书记指出："当今世界，经济社会发展越来越依赖于理论、制度、科技、文化等领域的创新，国际竞争新优势也越来越体现在创新能力上。"一个14亿人口的发展中大国实现现代化，是人类历史上前所未有的伟大变革，这一变革必须始终坚持和弘扬以改革创新为核心的时代精神。医药卫生界要坚持四个面向，解决"卡脖子"的科学问题，实现科教兴国、科学报国、科技强国，必须以强有力的"科技创新驱动文化"为导向、支撑和指引。为此，要深入调查研究，准确把握医院文化的新时代特征，与时俱进做好顶层设计，作出战略部署，实现文化建设的形式创新、内容创新、载体创新，才能以高水平文化建设为高质量发展保驾护航。

二、党建引领医院文化建设的实现机制

党建引领医院文化建设的要素可分为核心要素和支持要素。核心要素指政党文化，包含中国共产党人的精神谱系、对党忠诚的政治担当、为人民服务的使命担当等内容；支持要素有医院党委和各级党组织、党员干部队伍、党的思想文化阵地、党建平台、党建文化项目等。上述要素支撑并构建了党建引领医院文化建设的实现机制，即以党建精神注入机制为统领，通过组织嵌入机制、阵地拓展机制、政策激励机制，强化党的政治建设、思想建设、组织建设、作风建设、纪律建设，制度建设贯穿始终，推动公立医院文化建设。这四方面的机制建设回应了方向、主体、资源、动力的问题。

1. 以党建精神注入机制解决方向问题 党建精神注入机制是党建引领医院文化建设的根本。基于使命担当，医院文化建设要始终坚持以人民健康为中心，在实际工作中突出医院文化建设的政治站位。公立医院应认真完成抗疫、抗震救灾、重大活动保障等政治任务；积极参加健康扶贫、援疆、援藏、对口支援等活动；积极开展医联体建设，发挥优质医疗资源的辐射带动作用；弘扬科学精神、职业精神，陶冶家国情怀、人文关怀，在着力构建医院文化体系上下功夫。

2. 以组织嵌入机制解决主体问题 明确承担医院文化建设的主体及各自的任务，使党建精神在医院文化建设中发挥的引领作用可以组织的方式渗透，落于实处。在公立医院多年实践中，医院党委是文化建设的倡导者、领导者；党委宣传部门、共青团、工会等群团组织是文化建设的主责部门；医院各级党总支、党支部是基层党组织的“桥头堡”，负责打通每一个“神经末梢”；每一位支部书记、优秀共产党员是医院文化建设的重要参与者。党建与业务深度融合，科主任、护士长成为双带头人，主任与支部书记协作发力，促进科风的全面优化。

3. 以阵地拓展机制解决资源问题 医院党委统揽全局、协调各方优势，主责部门搭建文化建设的有形平台和无形平台。有形平台有院史馆、病案展等，如北京协和医院、四川大学华西医院等百年名院，通过建设院史馆、文化长廊，举办名家诞辰纪念会，组织口述历史传承项目，构建了弘扬医院精神文化的平台，展示医院品牌形象的窗口和传承医院历史文化的课堂。医院也应当搭建无形平台，如医院品牌活动、医院党建文化书籍、融媒体平台等，可以中国医师节、国际护士节等为契机，促进伟大抗疫精神和崇高职业精神内化于心、外化于行，以典型宣传带动社会主义核心价值观落实。提高医院文化阵地服务水平与吸引能力，调动全体医务工作者的积极性，让医院文化由被动建设转为医院高质量发展的引领力量。

4. 以政策激励机制解决动力问题 激励机制涉及医、教、研、管、护等多方面，

聚焦重点领域，通过评奖评优、典型宣传等形式，使医务工作者学有榜样、行有示范。典型选树与阵地拓展机制结合，典型事迹宣传本身也是一种激励工具。如北京协和医院评选“优秀服务奖”“优秀员工”等奖项鼓励青年员工；评选“杰出贡献奖”等感恩老前辈，同时也为青年树立了楷模，传承优秀医院文化。政策激励机制可以增强医务人员的职业认同感与自豪感，把职业荣誉转化为医务人员的社会声誉，促进全社会广泛形成尊医重卫的良好氛围。

在实践中，医院要真正做到党建引领文化建设，使之“活”起来，重点在于提升组织力，凝心聚力，做好“人”的工作。只有当医院政策真正体现了员工愿望和意志时，医院的精神才焕发出来，形成巨大的推动力。党建引领，文化铸魂。医院党委要抓住思想政治工作与精神文明建设这条主线，逐步完善和丰富以医院精神、使命、愿景为内核，以典范人物、文化符号与载体等为表现形式的医院文化，在实践与传播过程中，还要细化思维，深耕科室亚文化、制度文化、安全文化等，不断推进基层党建与文化建设深度融合，为医院优良文化传承注入新的时代内涵，实现医院文化价值体系的新构建、新发展，让党建工作有情有感、走心走实，承担起推动医院文化建设的使命，助力健康中国战略，为开创卫生健康工作新局面凝聚思想共识和奋进力量。

第四节 医院文化的框架图与路线图

成熟的医院管理者必定胸有成竹，谋定而后动，换言之，就是胸中有框架图、手中有路线图。医院文化的框架图就是本教材的谋篇布局，如何建构中国特色的医院文化体系；路线图则是这个体系的内在要素之间的逻辑关系，哪些是基础点，哪些是提升点、哪些是创新点，以及三个节点之间如何互动。

众所周知，医院管理学有理论派与实务派两分，互有偏倚，容易出现的问题是理论与实际“两张皮”，相互脱节；医院伦理学中有原则主义与境遇-操作主义的分野，容易出现的失误是“原则上重要，实操上忽视”。“梨子的滋味是吃出来的”，坐而论道，虚提口号，空发宣言，不切实际地抒发愿景、豪情，大张旗鼓地吆喝，写在纸上，贴在墙上，入眼不入心，都是“天桥把式”，医院文化建设的精髓是落地生根。

无疑，文化管理是开放进取的管理，不断地吸纳新鲜理论、鲜活经验，努力塑造学习型组织。不过，医院文化的框架确立与路径选择，容易犯“抄作业”的弊病：一抄企业文化，二抄西方经验。正确的态度应该是学习、借鉴，而不盲从照搬。

如何在继承与创新、固本强基与学习借鉴之间做好平衡，对本教材是一个考验。

经过编写组的反复研讨，也为适应本课程的学时约定，拟定了以下章节，力求展现“医院文化”课程的全新面貌。

导言之后的第二章，讨论医院文化建设（人文医管）的理论与研究方法，涉及医院文化的基本理论（国内外）、医院文化的哲学基础（公平与效率、科学与人文、技术与人性）、医院文化的伦理学基础、医院文化的研究路径与方法。

第三章为医院职业愿景（信仰）与使命，论及院训、院歌与品牌形象，无形资产/品牌与软实力、影响力、凝聚力、吸附力等主题，尤其会聚焦医院文化如何落地（由虚转实、文化自觉）命题。

第四章为职业精神的锻造，重点讨论行风与院风的建构与精神支撑。

第五章为职业幸福与利他快感，内容包括职业幸福的内涵、如何塑造职业幸福、如何激发利他快感。

第六章为科室文化（科风）的积淀与优化，内容包括科室文化的内涵、科室文化与科风培育、科室文化与科室品牌。

第七章为场所精神与医院美育，讨论医院场所精神的构建、医院美育意识的培育、医院场所中美育的融入与拓展。

第八章为患者至上服务文化的建构与提升，讨论患者至上服务意识的缔造、患者至上服务文化的体系化、精细化。

第九章为楷模叙事与名医风范（医德医风的典型引领），讨论医院楷模的塑造、叙事特色与传播路径。

第十章为医院的品牌形象管理，讨论患者口碑与满意度、医院美誉度的建构与维护、医院舆情监控与风险化解。

第十一章为社工与志愿服务体系建设，讨论社工与志愿服务组织的使命及特点、社工与志愿服务体系的运行与提升。

第十二章为患者组织与自我教育，讨论患者教育组织的类型与筹组（癌症病友会、慢性病联谊会、孕妇学校、月嫂培训班、艺术教育）、患者教育组织的优化（主题与节目、骨干的发现与培育、经费筹措）、患者组织与社工组织的互助及融合。

第十三章为书香医院与精神阅读，讨论院风与精神阅读，书香医院的愿景（医患均在阅读中共同成长）、叙事医学与阅读治疗、书香医院的建构与优化。

第十四章为医院文化建设的考核与评估，讨论医院文化的考评原则及方法、医院文化的指标体系、医院文化的考评细则。

从这个课程体系看，学员会发现一条红线，价值演进的逻辑，从理论到实操，从传统话题到创新话题，依次递进；穿越这个全新的医院文化认知大厦，可以温习到一些熟悉的主题，但内涵被极大拓展了，如理论基础被系统建构了，职业精神、职业幸福、楷模叙事与媒体形象维护等内容被细化了；也会接触到一些新鲜的主题和案例，如场所精神、患者组织、志愿服务体系、书香医院等。其实，这些内容都在各个医院新文化建设的积极探索之中，本教材加以总结、归纳。

本章小结

本章作为导论，带领学员畅想了医院文化和领导力的内涵、认知与认同，描绘了当下医院文化的新境遇、新趋势、新使命，洞悉了医院文化的横断性、哲理性特色，以及与之相对应的医院文化建设的内在理路，勾勒了医院文化的理论与实践地图，既有框架图，又有路线图，介绍党建对于医院文化的引领作用，为后续章节的学习提供了一个认知铺垫。

（王一方　张瑞宏　段文利　祝金晶）

参考文献

[1] 迈克尔·波特.竞争优势[M].陈小悦，译.北京：华夏出版社，2005.

[2] 罗伊·波特.极简医学史[M].王道还，译.北京：清华大学出版社，2016.

[3] 唐亚林，刘伟.党建引领：新时代基层公共文化建设的政治逻辑、实现机制与新型空间[J].毛泽东邓小平理论研究，2018(06)：21-27+107.

第二章　医院文化建设的理论与研究方法

学习目标

1. 掌握　医院文化的理论起源和基本内容。
2. 熟悉　医院文化哲学、伦理学基础。
3. 了解　医院文化研究的主要方法。

健康中国战略对我国医疗卫生事业发展和医院管理提出了全新的要求。现代医院管理是复杂的系统工程，现代医学的飞速发展，具有明显的时代特征，更加注重人体的整体性、人与环境的统一性以及科学发展与医学科研的综合性。在推进高质量发展的新阶段，必须以统筹全局的整体观念、系统思维方式，借助现代管理学理论，运用现代技术手段，构建特色鲜明的医院文化，有计划、有目的地培养、调整和校正医院组织内的价值观念、道德准则和思维方式。

就目的性价值的更高层次而言，医院文化建设也是“人”的建设，通过对医学及医院文化的哲学、伦理学审视，营造和倡导积极健康的文化环境和价值观念，促进医院员工精神素质的培养和塑造，在为患者服务中寻求快乐和实现自身价值并使个人的发展与医院的发展有机结合，使医院员工在医院文化潜移默化的作用下，崇尚自由，探索真理，关爱患者，实现人生价值，走向理想自我。

第一节　医院文化的基本理论

医院文化作为医院管理的一种新的理论和方法，是借鉴企业文化理论，结合医疗卫生机构的特点发展而来。第二次世界大战结束后，企业文化现象被企业管理者发现，特别是20世纪70年代初，石油危机下的美国渴望通过提升产品竞争力来摆脱困境，却遇到了日本产品的挑战以及日本经济的崛起，这导致了西方管理学界对日本企业管理模式的关注。企业文化在美国和日本企业的对比研究以及对当时一批业绩突出、生命力持久的企业持续跟踪研究中逐步建立，并于20世纪80年代形成理论探索的高潮。以日裔美籍管理学家威廉·大内（William Ouchi）所著《Z理论——美国企业怎样迎接日本的挑战》、美国哈佛大学教授泰伦斯·迪尔（Terrence E.Deal）及麦肯锡咨询公司顾问艾伦·肯尼迪（Allan Kennedy）所著《企业文化——企业生活中的礼仪与仪式》等为代表，形成企业文化理论的奠基之作。

随着对企业文化研究的不断深入，西方管理学家发现“文化”现象及其内容不仅局限于企业实体之间，同样适用于非营利组织、事业单位和社会团体，不同的政府和民间组织均有自己特殊的“文化”，这些“文化”不断影响这些组织的运行。通过对各类不同组织文化的系统研究和归纳整理，形成了适合于各类组织的组织文化理论。20世纪80年代末和90年代初，在改革开放的大潮中，西方企业管理、企业文化理论传入我国，引起了我国企业界、学术界的重视，开始有意识地进行研究并在企业管理实践中应用企业文化管理的理论和经验。20世纪90年代，我国医疗行业借鉴企业文化理论，结合医院管理和思想政治工作的经验，从文化学和精神文明建设等多个视角对医院文化的概念、内涵、途径等进行了归纳整理，形成了我国医院文化基本理论。

一、组织成长理论

现代医院以组织形态而存在，其存在形式是由若干人按照一定的制度框架而运行。一般而言，组织要经历建立、发展、动荡、崩溃的生命周期。组织成长阶段模型提出，组织成长发展要经历创造、引导、授权、协调与监督以及协作五个必经阶段。在不同阶段必须有不同的组织战略和组织结构，即不同的制度框架与之相适应。而组织内部所存在的正式制度与非正式制度对组织运行效率存在直接的影响，无论是正式制度还是非正式制度，都是经过人际的交互作用，形成的共同遵守的规则，因此组织文化要素则是非正式制度的核心内容。一个组织的运行效率，体现在两个方面：第一，组织成员的行为是否高效；第二，组织成员所制定的制度以及他们所依存的背景制度是否高效。这两个方面又互相影响，最终决定该组织运行的效率。制度的存在和演变由个体理性以及个体间或团体间交互作用决定，人们在制度结构中生活，通过不断优化工作指标和激励机制，确保组织行为的科学性和合理性，推动组织与社会的发展。

医院处于政府管控和市场经济的双重影响之中，也具备一般组织发展特征，即必须面对医院长期健康、高效成长问题，或者说医院经营效率的问题。医院既要体现社会的公益性，其资源和使用不能完全靠市场来运作，政府干预了医疗服务价格、药品价格、工资总额等，但医院又不得不为了自身的生存与发展，努力地降低医疗成本，提高医院的收益。在无法改变外部大环境的约束条件下，医院也可以从自身入手，通过一系列措施来改善组织内部人际间交互作用状态来提高组织效率，如通过降低交易成本，尽可能地避免人际交互作用无序性恶化。这一理论认为社会群体中人与人存在彼此之间的相互刺激与对刺激的反应，会产生除生产成本外的经济消耗即交易成本。参与医院组织内部人际交互作用的，既包括医务人员，也包括患者及其家属，这种交互作用和交易成本贯穿医疗服务的过程。如果交易成本足够大，会导致组织在不同阶段的转变过程中出现组织崩溃。交互作用的外在表现形式就是人际的沟通。经过大量研究，学者们在影响交互作用的众多因素中寻找到“满意度”这个对交易成本可以进行量化的核心要素，用以测度人与人交互作用的程度。体现在医疗机构内部人员交互作用的要素就是员工满意度，体现医院与外部交互作用水平的一个主要量度就是患者满意度水平。目前国际上已有很多经过科学检验、信度和效度较高的通用满意度问卷可供研究使用。医院领导者与管理者，应该从医院制度文化的角度，立足医院发展的不同阶段，了解员工与患者的思想动态，积极主动变革诊疗制度、绩效考核体系、薪酬分配等，规范交互作用参与者行为，使人际交互作用处于相对有序的状况，保障组织运行效率的提高，促进医院功能发挥，延长医院的生命周期。

二、人本管理理论

传统的管理理论主要体现为一种物本管理，以物为本，用人的工具性代替了人的目的性。19世纪末到20世纪初，以弗雷德里克·温斯洛·泰勒（Frederick Winslow Taylor）、亨利·法约尔（Henri Fayol）和马克斯·韦伯（Max Weber）为代表的古典管理理论把人看作管理的手段之一，在方法上追求管理的数据化、模型化和规模化，从机器的角度看待人。泰勒将人在工作中的每一步操作分解为最基本的机械过程，以省去多余的动作，把人与人之间的伦理关系放在相对次要位置，立足于“以物为本”去思考和解决组织活动问题。20世纪20年代开始重视人本身的需要，从人的目的性需要出发思考管理问题，管理理论开始由对物的重视转而研究人的需求，这既是管理思想发展的结果，也是管理理论发展的必然趋势。

人本管理理论是以弗里德里希·威廉·尼采（Friedrich Wilhelm Nietzsche）、马丁·海德格尔（Martin Heidegger）、卡尔·罗杰斯（Carl Rogers）、亚伯拉罕·马斯洛（Abraham H. Maslow）等人本主义哲学家、心理学家的学说为基础，首先强调人既是管理的主体又是管理的客体。在医院管理实践中主客体的辩证关系是对立统一的、复杂多样的，管理主客体作为生物体的同质性，决定了管理主客体的相关性。这在医院这类知识创新型组织中表现得更为突出。随着生命科学研究的深入，生命伦理学的诞生和发展充分地显示了医学发展新的转向，即从在生物学因素方面探寻疾病的原因和治疗的倾向，向立体化、网络化、多维度地审视健康和疾病问题转向，对医学技术主义的反思导致医学目的调整与医疗服务组织模式的转变。强调医学的目的是以人为本，医学不仅是对疾病的治疗，而且更需要对患者的关怀和照料。其次是建立人性化管理机制。在医院实施人性化的管理，确立尊重人的价值和尊严，重视人的需要和利益的管理文化，通过内在的激励作用，激发医务人员的积极性以及凝聚力，尽可能地提供广阔的发展平台从而实现员工的自我价值，人力资源得到合理运用。再次是对人的需要的研究应客观且具有针对性。医院作为一种以人与人的组合为基础的医学服务活动主体，其服务行为表现出人格化的特征。因此，医院的制度安排、医院的战略选择，都会体现在人的价值理念中，也就是以医院文化的形式表现出来。医务人员、患者乃至社会其他成员因健康和生命需要的多样性和动态性，决定了必须通过多样化和人性化的结合使管理在本质上以尊重人、关心人、爱护人，实现人的价值和组织愿景为目标，构建“以人为本”的现代医院管理体系，形成以患者为中心，真诚服务社会的文化竞争力。

三、组织文化理论

组织文化理论认为文化是一个组织不断发展并持续提升自身能力的标志，它能够在不断使组织引导成员行为目的，塑造成员行为方式的过程中增强组织的凝聚力、感召力和向心力。美国麻省理工学院的埃德加·沙因教授（Edgar H.Schein）是组织文化理论学派的重要代表人物。沙因对组织文化的本质、层次和变革等方面进行了全新阐述，开创了组织文化的崭新维度。组织文化理论在西方管理思想史中著名的“经济人”假设、“社会人”假设和“自我实现人”假设等人性假设理论基础上，提出了“复杂人”假设作为理论前提，呈现明显的适应性和权变性，在功能作用方面使组织能够更好地处理适应外部环境和内部整合问题，推动组织文化为适应组织实践的发展所进行的文化变革，促使管理者在进行文化变革的过程中不断进行学习和改变，以推动组织文化朝着良性健康的方向进行变革。

沙因将组织文化分为物质文化、制度文化和精神文化三个层次。首先是人工制品，人工制品是组织外显的文化产品，能够观察、感知的一系列经验直观的现象，如医院的建筑特点、空间布局、装修风格、就医标识、员工制服等。这些物质形态的客观存在多容易被感知，却不易被理解。其次是信仰与价值，它们是医院的核心价值观、发展战略、目标愿景和哲学，可以通过梳理、归纳、总结、规划，使用文字、图片、影像等表达呈现，如医院的发展规划、制度标准、价值理念、诊疗活动、业务流程等。最后是基本隐性假设与价值，它是医院文化的核心或精华，是早已存在于医务人员头脑中有关该医院的无意识的假设、价值、信仰、规范等，这种隐含的潜意识才是真正的文化，是经过组织领导者的长期倡导和团体成员的积极认同、实践与创新所形成的整体价值观念、信仰追求、道德规范、行为准则、管理风格、思维模式以及传统和习惯的总和。正是由于它们的存在，一个具体的组织事件才会以特定的形式发生。这些基本隐性假设存在于人们的自然属性、人际关系与活动、现实与事实之中。

可见，组织文化来源于组织创建者的信念、价值观和假设，这三者对组织文化的形成起着至关重要的作用，是主导型组织文化理论的倡导者。作为组织文化与组织管理实践相融合的产物，医院文化既有文化现象的特质，又有作为管理手段的内涵，既是以人为本的管理哲学，更是借助文化力量的医院管理方式。医院的价值观念、道德规范等因素是组织文化塑造的核心和关键，是医院组织文化塑造的重要部分，而医院文化中的核心要素就是医务人员的医德医风状况和水平。因而，组织文化理论为研究医院文化建设提供了一条有效的路径，可以从建立物质、制度文化入手，逐步将其内化为医务人员的精神文化和行为准则。

第二节　医院文化的哲学阐释

无疑，现代人跟医院有着不解之缘。随着医院分娩逐渐取代家庭分娩，每个人都出生在医院，而求生的欲望与维生技术的发达，使得大多数人都死在医院。保健意识的增强，促使人们即使没有患病，也要定期去医院做体检。

人常说，医院是哲学家的摇篮。只因医院是“死亡谷”的入口，医院死亡率每每大于家庭与社区（“生在医院，死在医院”）。医院也是疾苦的悬崖、身心的绞架，在疾苦、死亡交相压迫之下，在生死的拷打之下展现出人性的颤抖，展示出生命与灵魂的本相，此时此地的这份哲学思考使人睿智，帮助人们穿越痛苦，豁达生死，敬畏生命。

医院的主要征象是“转场”，喻示着人生的转场，不仅是躯体转场（从家庭到医院，从医院到殡仪馆），还是心理/社会/心灵角色的转场，更是命运的转场，从健康人到患者，婴儿从子宫到人间，母亲从少女到少妇，重症监护室里转危为安，或回天无力，或者在低温技术干预下，从活体生命到冷冻遗体。在生产力低下、物资匮乏的漫长时代里，疾病曾经是饥寒交迫的必然产物，疗愈疾病就是济贫解困，医院就是改善温饱之所。而今，疾病成为科学索因、技术干预的非常状态。而医院见证着世态炎凉、人格高下、人性清浊、世象陆离，有人因拮据而贫病无医，有人喜炫耀而小病大诊；有人重疾缠身却不住院，有人小病微恙而非要住院；有人感念医护关怀，知恩图报，有人稍有不便就心生怨愤，绝不感恩，甚至恩将仇报，伤医毁院。由此造就了医患关系的复杂性。因此，毫不夸张地讲，医院文化就是生死、苦难、救疗哲思的文化。不过，医院哲学不能高高在上，不接地气，而应该走进管理者的真实困境与心灵关切，成为解决当下医学新文化建设难题的钥匙。

一、医院的观念与价值之辨

医院哲思的路径之一是哲学修辞，它是一连串洞悉真理、叩问真谛的观念之辨、价值之辨，帮助管理者咀嚼自己的责任、使命与愿景，完成各自医院价值的锚定。首先是“医院（hospital）”与“病院（infirmary）”之辨，hospital源自hospice（临终照护场所，安宁病房），但其拉丁词源为hospes（外地客）、host（主人）、hospitality（款待）、hotel（旅舍），凸显接待与服务功能，而infirmary源自infirmity（体弱，虚弱），暗喻需要同情与悲悯的照护。这两者的微妙区别在于前者强调医生（技术）的存在，后者强调蒙难者（疾苦）的存在。东亚历史上，日本明治维新之后出现“病院”一词，第一所病院可以追溯到1557年由耶稣会士路易斯·德阿尔梅迪亚（Luis de Almeida）创立的“悲悯圣家”。中国最早的博济诊所（1835年）则是医院建制。其次是“患者”与“病人”之辨，病人是指生病的人，强调躯体疼痛；而患者则是一串心事的罹难者，有更多的心理社会投射。最后是“治疗（cure）”与“照护（care）”之辨，医院情境中，治疗通常由医生主导，而照护则由护士主导，在传染病肆虐的年代，治疗的急迫性被极大强调，而在慢病时代，则照护逐渐成为医学的主责，当然，治疗–照护两手都硬，才是当下医院实力的象征。

首先，深谙医院管理本质的专业人士会十分关注“全科”与“专科”（价值）之辨，在许多人心目中，从全科诊所、药店接诊到专科医院，是医药学的巨大进步，细分带来诊疗的精准化，也逐步形成“强专科，弱全科”意识。于是，肿瘤医院、妇科医院、儿童医学中心、耳鼻喉医院、传染病医院、精神病防治中心，还有胸科医院、肝胆医院、肛肠医院，构成医院格局的多元化、细分化。但是如今，许多综合性医院强调自己的重点专科，忽视全科并进、科间协同效应，专科医院也有“性格”，不再是全科医院的来者不拒，只接诊符合本专科范围内的患者；专科医院的另一个盲点是患者无从准确选择，因为产生不适症候的器官并非原发病灶所在器官，所谓“专科在专科之外”。此外，单科突进会导致科间协同与支撑力的削弱，甚至缺如，不利于多学科协作、综合解决复杂临床问题。如何在医院生态上协调好专科医院与全科医院的比重，表面上是一个区域医疗规划的问题，本质上是对医疗“细分”与“整合”趋势的把握。辩证的观点是有分有合，合中有分，分中有合，把握“拐点”最为关键。其次，“住院与反住院”之辨。门诊与住院是两种诊疗模式，背后是病情掌控与干预“点”“线”“面”的区别，疾苦早期、轻症患者大多选择点式诊疗观察与干预，以点带面，即可达到痊愈的目的，而且可以减少医疗投入，控制医疗费用；突发伤害、重症患者自然首选住院，增加医患的接触界面，最大限度地调动医疗资源，以便更充分地掌控危机局面，赢得转圜的机遇。但是，随着诊疗技术的改进，手术、药物安全性的大幅度提升，尤其是微创手术的开展，住院与非住院的临界点发生了漂移，“反住院”思维逐渐兴起，表现在日间手术清单日益扩大，肿瘤日间治疗中心业务繁忙，许多需住院观察下给药的化疗药物都可以在日间治疗中心应用。可以预期，“日间治疗”理念将不断刷新门诊业务谱系，让患者获得有效、安全、费用可控的治疗模式。再次，“治已病”与“治未病”之辨，这一理念源自《黄帝内经》，所谓“上工不治已病治未病”，下先手棋，提前布局，这一思想与健康中国的理念极为吻合，因此，许多医院新设“健康中心”与“治未病科”，但是，困扰医院管理者的问题有二：一是既然没有病，为什么要干预，亚健康者愿意花钱买治疗，却未必愿意花钱买健康干预，各种未雨绸缪的健康干预是否会被他们及家属误判为“冗余医疗”或“过度医疗”，引发医德讨伐；二是健康干预的收益相对于疾病干预要缩小很多，而现行的医保政策按照单病种结算，而非按照社区居民健康状态及获益结算，这一机制激励医院从主力干预“必须动用高科技、高费用的大病”中维持医院的正常运营，而没有从社区居民健康投入中分账的激励科目，导致医院“治未病”意识无法真正落地，也造成健康促进、健康教育成本、费用无法列支，难以达成健康干预环节中的收支平衡。

二、医院的隐喻

关于医院的隐喻很多，但以“医院即监狱”最为知名（源自《规训与惩罚》），这一论断的热议只因米歇尔·福柯（Michel Foucault）的名声显赫，加之法国哲学的批判性传统，其实，他只是从疯人院的历史和精神病管制格局中洞悉这一隐喻，在他看来，监护即监视、监督即监控，别无二致。另一个佐证是巴黎霍塔尔医院（Hotel-Dieu）医院因火灾重建时选择了全景建筑（panopticon/panopticism）形式，这一设计范式源自法国监狱的设计，主体为一幢环形建筑，可以放射状分隔为一个个小房间，中心点是一座高塔，站在高塔上可以鸟瞰整个建筑的全貌，也可以监视到任何一个角落的动静，而各个小房间里的人因为逆光无法看到监视人员，构成单向玻璃效应。环形建筑的发明者是英国哲学家杰里米·边沁（Jeremy Bentham）和他的弟弟塞缪尔·边沁（Samuel Bentham），灵感来自巴黎的一所军事学校的建筑设计图。因此，全景建筑的初衷是便于管理学生，而非监控囚犯。医院管理也需要增进效率，借鉴全景建筑范式并无不妥。因此，福柯的这一结论不失偏颇，况且，现代医院建筑普遍采用普威廉布局（Pavillion Plan），优先考虑病房通风与换气，后经过南丁格尔的大力推崇，英国的圣托马斯医院、美国的约翰·霍普金斯医院都采用了这种建筑风格。现代医院管理中，疯人院与麻风病院的管制模式早已摒弃，随着医院人文的倡导，南丁格尔开辟了以照顾为中心的专业化服务，以及以舒适为中心的设施改造运动，努力让患者享受良好的生活、治疗环境。如今人性化、艺术化的医院境遇比比皆是，并逐渐蔚为风尚。

第二个隐喻“陌生–亲密关系”来自查尔斯·卢森伯格（Charles E.Rosenberg）。他的关于美国医院史的名著《来自陌生人的照护》（*The Care of Strangers*），背后隐藏着深刻的悖论。人们在健康时，生活在适意、恬静的家庭氛围中，尽情地享受着亲人的眷顾与温情；而一旦病魔缠身，躯体与心理遭受伤害时，却要暂别亲情的环绕，抛入“陌生”的环境，去向“陌生人”倾诉，并接受“陌生人”的救助与照顾。医学是“来自陌生人的照顾”，也是与陌生人的沟通，为了医疗和保健的目的，患者要将个人的秘密告诉医生，让医生观看、触摸私密的部位，甚至冒着巨大的风险去迎击伤害性药物与手术的干预，而他们对医生的德行技艺却知之甚少。患者要享受专业照护，就必须接纳陌生环境与陌生人，而熟人、亲情总是跟非专业照护为伍。伦理学家大卫·罗思曼（David Rothman）的著作《病床边的陌生人》（*Strangers at the Bedside*）进一步揭示了医患关系本质，那就是陌生人之间的博弈，而且互为陌生人。特里斯特拉姆·恩格尔哈特（Tristram Engelhardt）在《生命伦理学基础》（*The Foundations of Bioethics*）一书中将这份“陌生亲密关系”的核心定义为“利益共同体，道德异乡人”，而医患关系的递进遵循一定的位序，由利益共同体（博弈，搏杀）逐步过渡到道德共同体、情感共同体，最后才能升华为价值/命运共同体。这之间，不能以自我道德原则为基点，而应该与人共情，力求人所不欲，勿施于人。

三、反思医院境遇，把握十大关系

从医学哲学的角度分析，医院里有十大关系需要管理者调适，并不断改善。

1.“管制”与“自由” 院内秩序有松有紧，门诊相对自由，住院部相对管制，普通病房相对自由，传染病房隔离管制最严。一般来说，管制与医疗干预相关，强干预配强管制，弱干预配弱管制。

2.“等级”与“平等” 医生队伍有严格的等级差别，但这一等级差别不必传递给患者。在患者那里，宜人性、亲和力强的医生最受欢迎，他们常常觉得越是大专家、老专家越平易近人，越能平等相处，中青年医生要见贤思齐。

3.“专制”与“民主” 在急诊与外伤诊疗中，医护最大限度地行使自由裁量权，但择期治疗必须让患者知情同意。慢病时代，诊疗上更应该有商有量，发动患者参与决策与治疗，不仅有利于医患和谐关系的缔结，也有更多的机会厘清医疗获益与风险代价的关系。

4.“冷漠”与“仁爱（博爱）” 冷漠是天敌，它不仅是隔漠的表征，也是医患冲突的导火索，是职业倦怠的催化剂，而仁者爱人，会赢得更多的尊重与感恩，所谓“敬人者人恒敬之，爱人者人恒爱之”。

5.“帮助”与“自助” 医护心怀使命无私帮助，同理心展现无遗，还要组织动员患者之间同病相怜，同气相求，身心的困顿在心心相惜之中得以及时化解。

6.“冲突”与“和谐” 由于医保给付的差别，每一个人都有功利计较之心，加之医患沟通能力上的分野，斗眼、斗气、斗嘴在所难免，但一定要即时止损，不要发展到斗力、斗法的阶段，随着社会福利性关怀的加大，要及时激发、催生感恩之心，使医患之间形成关怀与感恩的良性互动机制。

7.“伤害”与“救疗（拯救）” 任何技术都可能是双刃剑，当下，临床上药物副作用更是比比皆是，手术并发症也常常来袭，因此要时时保持敬畏之心，做决策时一定要权衡。

8.“刺激”与“安抚” 患者来到医院就诊，不仅带着一副疾苦的躯壳，还带着一颗受伤的灵魂，医院要尽可能隔阻负面的视觉刺激，避免二次语言伤害，有条件的医院要设置心理科，配备心理医生，在康复期、生命末期要适时将工作重心转移到心理抚慰。

9.“胸有成竹”与“茫然无措” 无疑，医院是专家的集聚地，他们干练，他们坚毅，技术装备也越来越先进，但依然无法胜券在握，究其根本，人类无法战胜无常的不确定性，尊重不确定性就是在抢救室极力挽留生命，在安宁病房顺应生命归程，追求安详、安顿。

10“最安全”与“最危险” 医学最大的“悬案”在于不确定性，重症监护室里危机重重、命悬一线的患者可能逢凶化吉，门诊里小病微恙的患者则有可能瞬间恶化，病情逆转就在旦夕之间。

总之，医院哲学呈现三个向度：一是生命哲学，是生死无常的哲学、苦难常在的哲学；二是医学哲学，具有不确定性与艺术性，处处是窄门、弯道、微光；三是管理哲学，满目是支配与驾驭、管制与管理的张力。

第三节　医院文化的伦理学基础

作为肉体、心灵和社会三位一体的生命存在，人更是关系性存在，人与人、人与社会、人与自然乃至人与自身都处于关系之中。只有在真、善、美和谐的社会关系中，全面自由发展的个人生活和社会生活方可期待。与科学求“真”，艺术求“美”不同，伦理学求“善”，从关系的角度来看待人们的生活状态和价值理想，是关于什么是“善”、何以为“善”的追问，也是人类行动规范的思考。作为一种传统或文化的一部分留传下来，体现在习俗、惯例、公约、规定之中的道德，往往未经论证，而伦理学则要对现存的或建议的行动规范进行分析、论证和批判。

医疗行业是关系每一个生命个体的健康需求与生命利益的特殊行业，这种特殊性由医学的本质规定性所决定。这一行业因人类对生命与健康的需求而产生，也因此而发展。医院这一社会组织在社会历史发展中建构成为人类提供生命和健康服务的专门机构时，也从文化的意义上被赋予处理医务人员与患者，医务人员之间，医务人员、医疗卫生行业与社会之间关系的使命。此类关系的存在和处理无疑植根于深厚的道德伦理基础之中，并得到作为一种不可或缺的精神力量的深刻辩护。

从《黄帝内经》到《大医精诚》，从希波克拉底（Hippocrates）到《国际医学伦理规范》(*International Code of Medical Ethic*)，传统的医学伦理研究主要以医务人员职业伦理为主，随着现代生命科学迅速发展和生物医学技术广泛应用，伴随价值危机、社会多元化和权利意识的觉醒和扩张，医务人员职业伦理的局限性也日益明显。由于医务人员的行为要受到医学共同体其他成员的影响与制约，在医疗卫生实践过程中，仅靠医务人员的个人努力来解决医学伦理、生命伦理的问题很难成为现实。通过个体的道德自觉、公共理性的伦理认知、公民社会的文化认同以及国家政府的法制规范多方面着力，提升医疗卫生事业所有成员的道德敏感性和伦理责任意识，并且通过彼此间的对话与协商达成伦理共识，促使医院和医务人员的道德实践形成道德的合力，也是医院文化建设的伦理基础。

一、医学人际关系的先在性

医院是由政府、管理者、医务人员、患者和其他利益相关者构成的异质共同体，他们虽然都共同存在于具体的医疗服务情境中，但他们的实践方式和思维方式都具有较大的差异性，特别是价值观念和伦理信念更是呈现多元化特点。医院文化的整体伦理要求上述关系的不同主体和利益相关者能够就医疗服务各个环节的伦理问题达成共识，能够从伦理维度来审视医疗实践活动，必须建立在一种现实的交往的基础之上。

交往是人类社会得以产生、存在与发展的基本活动，是人与人、人与人群之间为了实现变革世界和生存环境的目的，通过媒体中介而开展的相互沟通、相互影响、相互制约、相互改造的各种实践活动和所形成的普遍性的社会关系。医院内所产生的多层次、多方面的人际联系具有明显的交往属性和特征。其目的是谋求人民群众的健康福祉，离开医院专业技术、行政管理、后勤服务人员之间的密切配合无法实现。这与医疗服务本身实践的特点有关，医疗服务是人类集体实践的典范，诊断、治疗、护理、照料、康复等环节在众多的科室和人员共同努力下完成。交往与互动是医院工作的基本存在方式。

首先，医疗活动中的交往方式为医院文化的伦理共识提供前提。医疗服务实践的伦理问题需要医院成员的共同努力来实现，需要医院全体成员能够就医疗服务实践的伦理影响达成一定的伦理共识。而伦理共识往往不是自发地产生，必须要在成员密切的交往基础上才有可能达成。“所有形式的‘共同体’，都表征了某种主体间性”。在特定医院文化中的交往为达成医院成员的伦理共识创造了条件。主体间交往得以成立的一个基本条件就是主体能够相互理解。正如卡尔－奥托·阿佩尔（Karl-Otto Apel）在构建先验诠释学的前提时对此所做的探讨，参与者都已通过社会化过程而成为共同体的成员，相互能够恰当地理解讨论者论据的意义，并能以一种确定的方式对这些论据的真实性作出判断。医疗服务实践活动是建立在医院成员特别是专业技术人员在医学学术领域相互理解的基础上的。他们之间的相互理解不仅是一种技术的理解、经济的理解，还包含着道德的理解。能够在交往互动的基础上理解彼此的道德主张，并且在相互理解的基础上具备了达成伦理共识的可能性。这不仅能使医疗卫生实践活动顺利开展，而且由于医院内部相互制约和监督的关系，在一定程度上能限制和避免某些成员的非道德行为。

其次，医院文化为医疗服务的道德实践提供保障。道德实践要依靠医院所有成员的道德努力，由于医疗服务的经济属性，一些成员在实践过程中有可能只关注其经济后果，甚至是短期的经济后果，忽视医学、医院的社会责任，阻碍伦理目标的实现。共识性文化的存在促进医院成员之间广泛而密切的交往，能够发挥道德感召力的作用，某些成员具有较强的道德敏感性和社会责任感，表达出深切的人文关怀，这种道德情感和人格魅力可以通过交往而产生对其他主体的影响，促进和提升主体的伦理责任感，形成良好的医院文化，而使医院员工能够履行相应的伦理责任。

最后，医院员工的交往不仅就医疗服务的技术问题、经济问题展开讨论与合作，也包含着对伦理问题的交流，而有明确价值导向的医院文化对伦理取向的选择，能够更好地明确医疗活动的伦理后果，因为医疗服务中的伦理问题并非总是显在的，文化层面潜移默化的伦理主张和要求可以促进医院员工伦理责任的履行，为医疗活动参与者的道德实践创造思想条件。

二、医院文化视域融合的可能性

医院员工能够在医疗服务实践过程中产生一定的伦理共识，进而能够承担起相应的伦理责任，需要在医院文化的不同视域进行融合，形成相同的伦理认识和伦理理解，这是实现医院社会目标的重要前提。

与医学专业技术人员这样的科学共同体不同，医院文化的构成要素具有异质性，由领导者、行政管理者、医护人员、后勤服务员工乃至患者群体和其他利益相关者构成，他们的知识构成、工作方式、实践经历、社会影响、经济地位等方面都具有明显的不同。德国哲学家汉斯·格奥尔格伽达默尔（Hans-Georg Gadamer）提出视域融合是对话的理想解决方案，其本意指的是读者要想真正理解文本，必须要努力与文本的作者实现视域融合，了解作者的知识背景、社会背景，甚至把握作者的实践经历，只有这样，读者才能真正理解作者、理解文本的确切含义。由此可见，所谓的“视域”是可变的，但又具有一定的稳定性；视域融合是一个过程，同时视域融合的程度又是不断变化的。第一，医院文化塑造下的员工具有同时代性，有着共同的时代背景和相似的话语体系，他们共同存在于现实的医疗场域之中，这些都有利于他们的相互理解，实现彼此的视域融合。第二，医院文化倡导的实践目标，具有明确的目的性，在医疗服务活动中医院员工彼此不同的工作任务并不是相互孤立的，而是相互配合、环环相扣的，它们共同指向患者生命健康目标的实现，这是实现视域融合的现实基础。第三，由特定医院文化融合的视域促进员工形成伦理共识。主要是价值取向上的统一性和普遍性，即医院员工对医疗服务实践所形成的共同的伦理理解。在这里“文本”即是医疗服务实践的全过程，是医院所有员工实践的产物，员工既是这一“文本”的作者，又是读者，其实质就是对医疗服务实践可能带来的影响的伦理审视。在共同的医院文化创设中为视域融合创造了条件，医院员工并不是先进行专业、技术、经济角度的探讨，然后再进行伦理角度的审视，而是伦理反思一直贯穿于日常工作的始终。

三、医院文化集体意向的现实性

医院文化建设伦理不仅是对医务人员个体提出的伦理责任要求，更是对医院员工群体提出的伦理责任要求，需要群体的伦理责任行为来实现其伦理目标。群体的伦理责任行为的实现基础是要能形成集体意向性，而且是指向医院核心道德目标的集体意向性。

集体意向性是集体实践活动的基本属性。意向性所指的是人的思想指向性，“意向性既意味着意识构造客体的能力，也意味着意识指向客体的能力”。个体的意识活动和思想意向性能够在人的思维活动中得到明证，而集体意向性最有利的证明则在于集体行动的存在性。这在医院文化研究中颇受关注，在集体行动中，行动者本身就带有其所属集体的特征，并且作为所属集体的一部分而发挥作用。集体中的个体虽然具有鲜明的个体属性，也会呈现价值多元的主体特征，但是作为集体中的一员，其行为方式又具有明显的集体属性，最终，这种杂多的个体存在方式都融入相似的集体存在方式之中，其典型的存在方式就是产生了集体行动，从而构筑了集体存在的意义。在医院文化的精神氛围和制度、观念等共同意志驱动下，个体产生的意愿并非完全自发的过程，而是建立在共同承诺的基础之上，蕴涵着合作的含义。客观存在的集体意向性是医院文化建设活动的基本属性。

医院员工的医疗服务实践活动具有明显的集体行动性质，虽然不同岗位的医院员工参与医疗服务的方式有别，但一旦进入医院工作场域中，实际上已经在道德层面进行了承诺，其价值指向是相近的，都指向了为人民群众生命健康服务、诊疗活动的顺利开展和救死扶伤、践行人道主义的目标。基于医院员工日常工作的集体意向性有利于医院员工达成伦理共识并付出道德努力，促进高质量完成医疗服务工作和医院文化的道德发展。医院员工的道德集体意向性有助于医院整体伦理文化的实现，使员工主动、积极承担相应的伦理责任，并且彼此的伦理责任能够相互配合，产生责任的整体效应，取得最大的伦理效益。

从元伦理学的角度看，人类的健康是目的善（good as an end）、自身善（good in itself）、内在善（intrinsic good）的统一，作为一种价值诉求，需要诸多价值体系组成有机联系、协调与共、生生不息的生态系统，道德伦理作为一种价值规范系统，其基本理念在医院文化建设中以一系列处理人与人、人与社会的原则、规范和制度而得以具象化。其伦理基础主要体现为医院员工对诊疗、护理、康复工作实践的伦理原则的共同认知，形成一定程度上的伦理共识；同时参与医疗服务实践过程中医院员工符合伦理原则的道德实践能够彼此协调，形成一定程度上的道德合力。

第四节　医院文化的研究路径与方法

文化研究作为一种创造性活动，是有目的、有计划、有意识、有系统地收集、整理客观事物的现象，运用特定的方法，对客观事物加以把握、分析和概括，进行形而上的探讨，揭示其本质、探索存在和发展规律性的认识过程。医院文化研究透过纷繁复杂的医院文化现象，考察医院文化形成和发展的条件与客观状况，把握相关要素间因果关系及活动的规律性，指导医院文化建设，促进医院的管理、改革与发展。

一、医院文化研究的思想指南、现实依据和理论准备

习近平总书记关于社会主义文化建设的重要论述为医院文化研究提供了思想指南。党的十八大以来，以习近平同志为核心的党中央高度重视社会主义文化建设，牢牢掌握意识形态工作领导权、管理权、话语权，大力培育和践行社会主义核心价值观，提高全民族思想道德水平，推动文化事业全面繁荣和文化产业快速发展，为实现中华民族伟大复兴的中国梦提供思想保证、精神力量、道德滋养，也是医院文化研究重要的思想指南。

实施健康中国战略与推进医药卫生体制改革为医院文化研究提供了现实依据。改革开放以来，全国卫生计生系统认真贯彻党中央关于卫生和健康工作的决策部署，积极推进公共卫生和基本医疗服务各项工作，为保障人民健康作出了重要贡献；广大医务工作者恪守宗旨、辛勤工作，以实际行动培育了“敬佑生命，救死扶伤，甘于奉献，大爱无疆”的崇高精神，医院文化有了丰富的探索实践。但医药卫生体制改革的深化，社会主义市场经济条件下医院生存环境和经营管理机制的重大变化，乃是我国各具特色的医院文化形成和发展的基本条件，也提出一系列亟待深入研究的重要课题。

医院文化研究和建设先后经历了从“学习引进”“消化吸收”“移植组装”到“自主开发”的发展阶段，医院文化研究的范围不断扩大，从经验总结、意义诠释和伦理规范等诸多层面开展学术探讨，研究成果日益丰富，初步形成了人才队伍、基础理论、研究视角和具体研究方法的体系支撑，为医院文化研究工作提供了理论准备。

二、医院文化研究的多学科研究路径

医院文化现象同中国医学传统、西医东渐历史、现代社会转型以及企业管理思想等紧密相关，受多种因素影响和制约，包括经济、政治和社会因素，历史与现实碰撞，内部和外部均衡，这无疑可以扩展医院文化研究的视野，但由此也带来对医院文化价值、逻辑、功能、结构认识上的多元与复杂，与此相联系，医院文化研究必然涉及许多学科门类，诸如文化学、经济学、政治学、社会学、哲学、伦理学、心理学、医院管理学等，从研究路径选择上必须基于多学科的理论视角和开放思维，开展多维度、多学科的综合研究，通过各学科理论和研究方法的相互借鉴与互补产生医院文化研究

的理论和方法。举其要者如下。

1. **哲学的视角** 对医院文化现象从哲学的角度进行思考，理解医学的本质与价值、卫生保健的目的与意义、医疗保障的公平与公正乃至医疗机构存在之道等元问题的追问。医疗哲学、技术哲学、管理哲学、经营哲学等问题，也应是医院文化研究的范畴。现代哲学的各种形态对文化观念和经验的解释有助于思考世界包括现实社会中医院文化的问题。

2. **伦理学的视角** 伦理学是研究人的行为、道德判断和评价标准、道德价值的学科，研究理性原则、情感意志、道德语言等问题，这些都与医院文化密切关联。特别是卫生服务与管理伦理、医学职业道德、医患关系、医院的社会责任均已成为医院文化的研究热点。

3. **文化学的视角** 文化研究是现代人文科学中最重要的课题之一。将物质文化系统、精神文化系统、社会制度系统和价值系统组合于医院文化形态中作为研究对象，借鉴其理论和方法对医院的服务文化、医疗质量、患者安全、廉洁教育、行业作风以及医疗卫生事业的跨文化交流与管理等进行研究，拓展出一系列关于医务人员运用特定符号进行信息及思想交流、传播的新领域，产生医院文化传播，医院文化的冲突与整合，包括文化认同、医患舆情监测与引导、医院视觉形象建构等理论和实践课题。

4. **管理学的视角** 医院文化可以视为管理学发展历史中继科学管理、行为科学管理阶段之后的一种“注入文化要素”的现代管理方法。从这个视角开展的研究，深化了医院品牌、知识管理、医疗集团管控、医院领导力和执行力建设等问题的认识，提升医院文化建设的组织性和前瞻性。

5. **社会学的视角** 社会学的理论建构强调社会文化是人们共同生活的基础和主文化，医院文化是医疗机构特有的亚文化，其会受到社会文化的影响，而且发挥着社会文化的重要作用。医院的医疗传统、医护礼仪、医师精神、名科名医、形象识别、学习型组织等亦可以视为医院思想政治工作、核心价值体系建设、医德医风管理等的文化实现形式。从日趋兴盛和成熟的社会学有关权力、关系和结构等理论出发开展研究是重要的创新路径。

6. **心理学的视角** 医院文化就是医疗服务参与人的人品、性格、道德、知识、风度等因素的外在表现。从这个角度出发，医务人员人格、医患需求、诊疗体验、医院人文关怀、心理支持与辅导等问题也是医院文化研究的范畴。

7. **美学的视角** 以美的法则探讨医院文化载体的外在形式，赋予其新的、不断发展变化的内在生命，形成感性和理性、形式与自由相统一的审美状态。按照马克思提出的“人也按照美的规律来塑造”的观点，医院的物质和精神的活动与创造应当符合

“美的规律”，其必然与医院文化发生关联。医院的建筑设计、空间规划、装饰艺术、仪容仪表等感性显现形式是医院物态、制度文化构建的内容。

8. 统计学的视角 统计学作为应用数学的一个分支，通过利用概率论建立数学模型，进行量化的分析、总结，并进而进行推断和预测，为相关决策提供依据和参考。它被广泛应用在各门学科研究中，也可以而且必然会应用于医院文化领域，如对医院文化的评估和诊断、医院文化绩效考核、医院文化力测评等。

三、医院文化研究的具体方法

关于组织文化的研究角度在方法论和工具论上历来存在定性与定量的争论，两种方法各有利弊。以美国麻省理工学院的埃德加·H·沙因（Edgar H.Schein）教授为代表主张定性化研究，其对组织文化的概念和深层结构进行了系统的探讨，提出进行现场观察、现场访谈及对组织文化评估的步骤等。密歇根大学工商管理学院的罗伯特·奎恩（Robert Quinn）教授则力主定量化研究，认为组织文化可以通过一定的特征和不同的维度进行研究，因此提出了一些关于组织文化研究的模型，这些模型可以用于组织文化的测量、评估和诊断。

定量的方法适合大样本的研究，以保证统计学意义的可靠性，但是缺乏研究深度；定性的方法适合具体案例研究，可对组织文化深入分析，但缺乏对照的广度。瑞士洛桑国际管理学院的学者丹尼尔·丹尼森（Daniel Denison）创建的“丹尼森组织文化模型”把定性研究和定量研究结合起来，目前为很多学者在对医院文化进行研究时所采用。

丹尼森组织文化模型是在对大量的公司研究后，认为四个文化特性对一个组织的经营发展具有重大影响，因此也被称为“组织文化四因素理论”。这四个特性分别如下：一是外部适应性，是指把外部环境的需求转化为组织的行动，可以用组织学习、顾客至上、改革创新三个指标来衡量；二是内部参与性，是指培养员工的能力、主人翁精神和责任心，可以用授权员工、团队导向、能力发展三个指标衡量；三是使命感，是指为组织确定有积极意义的长期发展方向，可以用愿景、目标、战略导向与意图三个指标衡量；四是一致性，是指确定价值观和构建强势文化体系，可以用确立核心价值观、配合、协调与整合三个指标衡量。在此理论基础上开发出组织文化问卷，每个指标对应五个题项，用五点量表法记录同意或不同意的态度，通过对问卷的统计分析来测量具体组织的文化特质并评估其内部运行机制。

在上述研究方法论的指导下，还有文献研究与分析、德尔菲专家咨询、实验观察、典型抽样、深度访谈以及系统动力学等文化研究的常用方法。

本章小结

医院文化建设来自医院发展和管理的实际需求但又与理论联系紧密，就非实证方法为主的应用学科而言，理解医院文化建设的哲学、伦理学背景，了解其基本理论框架和研究的多学科视角及方法很有必要。通过对医院文化建设理论和方法的阐述，试图在理性思维与现实观照的结合中帮助学员理解医院文化的内涵和多重蕴意。

（王一方　张瑞宏　张　峻　李　渊）

参考文献

[1] 福柯.规训与惩罚[M].刘北成，杨远婴，译.上海：生活·读书·新知三联书店，2003.

[2] 康德.道德形而上学原理[M].苗力田，译.上海：上海人民出版社，1986.

[3] 埃德加·沙因.组织文化与领导力[M].马红宇，王斌等译.北京：中国人民大学出版社，2011.

[4] 郭咸纲.西方管理思想史[M].北京：经济管理出版社，2004.

第三章　医院的使命、愿景、院训与核心价值观

学习目标

1. 熟悉　医院使命、愿景等概念。
2. 了解　医院使命与愿景的关系。
3. 领会　医院使命、愿景、院训的重要意义。
4. 掌握　医院制定使命、愿景陈述的一般程序。

医院的使命（mission）、愿景（vision）、院训和核心价值观（values）是医院精神文化的核心，也是医院文化最深层的表述。在医院战略管理中，这些内容都属于战略意图（strategic intent），是医院发展战略的基石，也是增强医院凝聚力和向心力的磁石，具有明显的“四两拨千斤”的杠杆效应。

在医院文化如何融入医院管理方面，价值观塑造、价值站队、价值引领是主要的抓手，医院文化建设就是通过一系列价值理性的开掘，提升医疗活动中工具理性的精神海拔，它具有超越一般商业运筹中讲求竞争战略，追求竞争优势的哲学、伦理内涵。医院的使命、愿景、院训和核心价值观还有打通职业精神（救死扶伤）、志愿者精神（扶弱济困）、场所精神（庄严神圣）的整合意义。

在很长一段时间里，医院没有自己的使命、愿景、院训和核心价值观表述，而是依附于所在的宗教组织、慈善社团组织，以母体组织的使命为使命，愿景为愿景，因为那时医院只是践行宗教悲悯的附设机构，或者是慈善社团的行善工具，只有在脱离了这些组织之后，现代医院的诞生，才有了独立的价值追求。

毋庸讳言，随着现代医疗业步入高技术时代、消费时代、长寿时代、慢病时代，医院的生存境遇发生了巨变，源自宗教与慈善的“慈悲”“仁爱”“博爱”的精神脐带正在受到挤压，生存与发展的挑战与日俱增，高技术与高消费的黑洞越来越大，而医学不确定性带来的风险依然存在，医学的现代性危机日趋彰显，医患矛盾日益加剧，

健康知识传播的不普及，虽然医疗占据了技术制高点，但医生、医院却在不时地被妖魔化、污名化，如何化解这一困局，如何重新赢得社会的信任，这需要对价值追求进行重新定位、重新诠释，真正协调好高技术、高消费、高风险与医疗行善（大爱无疆）的关系，利他（无私奉献）与利己（医院也需要积累发展）的张力，协调好医患之间纠结的利害博弈，都需要从价值观的高度去破解，去抒发。医院使命、愿景、院训仅仅是医疗核心价值观的呈现与表述，这份呈现与表述如何让社会大众感到真诚、可信，而不是流于形式，成为“写在纸上”“印在墙上”的口号，却没有成为融化在血脉中，流淌在行为中的惯性习俗，需要对医院使命、愿景、院训进行确立、打磨，这是一次精神淬火，需要医院管理层、医院文化的策划者、组织者认真面对，本章即对这项工作的开展进行简要的叙述与分析。

第一节　使命与愿景

医院的使命是医院努力实现的目标，愿景是医院希望发展到的理想状态，二者关系密切，下面逐一分析。

一、使命与使命陈述

组织的使命是组织在社会中存在的基本功能、主要职责和任务，是存在合法性的理据。使命陈述（mission statement）是一个组织对自身使命的认知和正式的官方说明。医院的使命陈述，就是一个医院对自身生存法则的社会责任、价值和意义的文字说明。我们先从几所国际著名医院的使命与愿景说起。

美国梅奥诊所拥有65 000名员工，是美国最大的非营利性医疗学术系统，也是世界最负盛名的综合性医院之一。创始人梅奥医生坚持患者至上的原则，主张“患者的最大利益是我们考虑的唯一利益”。这一原则也贯穿在梅奥诊所的使命、愿景与价值陈述中，具体如下。①使命：整合医疗、教育和研究来激发希望、促进健康。（Inspiring hope and promoting health through integrated clinical practice，education and research.）②愿景：将医学知识转化到临床，成为治疗重病和疑难病方面的全球性医学权威。（Transforming medicine to connect and cure as the global authority in the care of serious or complex disease.）③根本价值：患者需求至上。（The needs of the patient come first.）④价值陈述：尊重（respect）、诚信（integrity）、同情（compassion）、治愈（healing），团队协作（teamwork）、创新驱动（innovation）、优秀卓越（excellence），管理善治

（stewardship）。（来源：https://www.mayoclinic.org/about-mayo-clinic/mission-values）

如果说梅奥诊所的价值体系闳阔深远，中国香港和中国台湾的两所医院使命陈述则素朴务实。台湾长庚医院使命就是简单的一句话："从事医疗事业，促进全民健康。"香港大学玛丽医院的使命陈述更为具体："为社区及广大市民提供优质医疗服务；融汇医院管理局和大学医护服务专才，为社区提供第三层和第四层医护服务；为医护人员的教育、培训与发展提供合适的环境、导师和设施；支持香港大学医学院和牙科学系所主办或协办的医护服务教育活动和科研计划"。（来源：https://www8.ha.org.hk/qmh/about_us/mission/mission.aspx）

使命陈述通常包含两个基本要素：一是组织存在的目的，二是组织主要的业务。美国梅奥诊所的使命表述"整合医疗、教育和研究来激发希望、促进健康"用一句话清晰地表达了该医院存在的目的是促进患者健康，激发他们的希望；主要业务就是医疗、教学和研究。一个好的使命陈述通常具备以下特征。

1. 简明扼要　通常为几段话或几句话，甚至浓缩成一句话。如香港中文大学威尔斯亲王医院使命表达为："关怀以诚，服务至上。与香港中文大学、社区及其他医疗护理机构或团体为伙伴，为病人全面护理，医护人员训练及医学研究，提供最高质素的服务。"梅奥诊所的使命为："整合医疗、教育和研究来激发希望、促进健康。"克利夫兰诊所的使命为："照护生命、研究健康、培养医生"。

2. 理念清晰，简单易懂　如北京回龙观医院使命："把患者服务好、把学科发展好、把人才培养好、把职工保障好、把医院建设好。"

3. 有个性，特色鲜明　使命陈述不是简单地照搬、照抄，也不是满嘴公共语言的鹦鹉学舌。北京安定医院作为国内顶尖的精神病专科医院，将医院使命表述为："让患者回归社会、回归家庭。"这句话一方面强调医院的社会责任功能与特殊服务功能，另一方面也体现了医院对患者负责、对家庭负责、对社会负责的使命感和思想境界。北京老年医院则在使命中凸显老年医学特色："通过探索、创新和实施，用我们的爱心和信心为老年人提供最佳服务"。

4. 朗朗上口，积极向上、鼓舞人心　如北京朝阳医院使命"守护生命健康　成就美好未来"，诉求十分直白，价值也十分质朴。

二、医院的愿景

组织的愿景，有时也称作"共同愿景（shared vision）"，是组织对自身发展远景的展望，对未来理想的发展状态描绘，是汇聚组织成员共同心愿的美好远景，是要长期努力来实现的奋斗目标。医院的愿景是医院全体员工共同的事业追求，是医院未来发展的景象。

愿景与使命关系密切。有的医院会将使命陈述包含在愿景里，但也有不少医院会将两者分开表述。一方面，愿景不同于使命。医院的愿景是“将来要建设成什么样的医院”，使命主要回答“我们医院的主要责任和任务是什么”。使命比较抽象，愿景比较具体。使命长期不变，愿景通常随着医院战略规划的周期更新。另一方面，医院的使命决定了医院的愿景。愿景以使命为基础，有了使命而后才有愿景。

一个好的医院愿景表述通常具备以下特征：①对未来的发展前景进行生动的描绘。②与医院的使命和核心价值观一致。③通过广泛讨论沟通达成共识，得到医院全体员工的广泛认可。④特色突出、个性鲜明。⑤内容简洁，清晰准确，语言优美，容易理解和记忆。

北京大学第一医院（简称“北大医院”）的愿景就具备这样的特点，该医院的愿景只有一句话“做医疗卫生服务的水准原点”，但与该医院的历史和院内的一件“水准原点”的文物紧密相关，由此升华为医院的追求。“水准原点”是北大医院第一住院部院内一座由花岗岩砌成的小石屋，曾是计算测量北京地区乃至整个华北地区海拔高度最原始的基准点。1915年，它与北大医院同时诞生，后又坐落在医院里，成为医院文化精髓和内涵的最佳载体，激励医院员工以医疗、教学和科研为主体的各项工作，努力如水准原点一般处处起到垂范作用，成为公认的标准。这种表述十分独特，得到了医院员工的广泛认可，起到了很好的激励作用。

国内部分医院的愿景陈述也可以参考。①北京朝阳医院：努力成为充分体现科学与人文精神、具有持续创新活力的医学殿堂。②北京小汤山医院：医院秉承“厚德、博爱、继承、创新”院训，立足“小汤山医院”品牌，努力发展成为康复医学、基本医疗、护理服务、健康管理、预防保健五大支柱相结合的区域健康综合服务体。③北京友谊医院：坚持“以患者为中心”的价值理念，制定医院发展战略。以国家消化学科群为战略学科，整合现有国家临床重点专科项目、传统特色学科、有发展潜能的优势学科，发挥医院综合实力，创新驱动发展，努力把医院建设为国家医学中心，形成职工共同追求的友谊梦。④北京清华长庚医院使命：提供健康守护、培养医学精英、创新临床研究、追求卓越管理。

三、医院使命、愿景的品牌投射与价值传递

医院使命、愿景的品牌投射与价值传递主要体现在以下几方面。①认知、认同医院发展的方向和目标。医院员工不再纠结于应该做什么，以及如何去做，而将更多的时间投入工作流程之中。患者与社会通过医院使命、愿景快速认识、认同医院的服务品牌与职业精神。②医院使命和愿景的制定过程就是医院品牌内涵氤氲的过程，也是核心价值浸润的过程，通过广泛深入的修辞打磨，意涵讨论，促进医院管理层、职能部门、临床

医护人员、后勤服务人员等不同群体的沟通，在院内凝聚共识，增强凝聚力和向心力。③根据发展愿景的共识，引导医院各种资源的优化配置，实现心流、信息流、物流的和谐共生。④鼓舞士气，激励员工，心往一处想，劲往一处使，为实现医院的使命与愿景而同频共振，发挥自己最大的光与热。⑤更好地支持社会支持、回应社会问责。

医院是利益相关者组织。利益相关者是与医院利益相关，密切关注医院的工作和结果的团体和个人，医院反过来也需要依靠这些团体和个人来实现本组织的目标。在我国，医院的利益相关者包括患者、举办者、政府管理部门、地方群众、供应商、合作伙伴等。如患者是医院服务的对象，他们需要从医院获得医疗服务并支付费用。政府作为医院的监管者和公立医院的举办者，非常关注医院的服务效果。一个清晰的使命和具有激励性的愿景，有助于医院获得社会的信任和更多的支持。

四、医院如何制定好的使命陈述和愿景

医院使命和愿景通常是在制定医院战略规划的过程中凝练出来的，一般要经历以下过程。

1．组织人员进行研究和讨论。医院领导要高度重视，遴选医院不同背景的代表参加，形成一个工作组，配备秘书等行政和经费支持。

2．收集和整理外部规定。医院作为一个专业服务组织，是镶嵌在社会制度体系中的，受到各方面的制约。制定使命陈述时，首先要明确主管部门和社会环境对医院的要求，如在我国，必须符合《中华人民共和国基本医疗卫生与健康促进法》等法律法规的要求。

3．完成利益相关者分析。医院要弄清谁是自己的利益相关者，其中哪些是主要的利益相关者，他们各自的需求是什么，对医院有什么期待和要求。区域医疗中心要把握政府、患者、社会对医院的角色期待和需求。教学医院要明确医学生构成、比例、流转情况，如何确保教学品质。研究型医院要明晰研发主题与角色定位、科研资助机构、监管部门的诉求，平衡好技术创新与伦理规范的张力。

4．起草使命和愿景的文本征求意见稿。工作组收集医院历史上相关的资料，分析领导的重要论述，结合专家意见和群众智慧，对标国内外规模、性质相同或相近的机构既成文本，起草本院的使命和愿景的原初文本，经起草小组反复斟酌、打磨，形成征求意见稿。如果是二次修订，则可对既定文本的修订方向提出若干原则，提交起草小组初步修改，形成修订版（征求意见稿）。

5．广泛开展专题研讨活动、充分征求各方面的意见，逐条、逐句修订使命陈述草稿，在理念和行为模式上达成新的共识，最后以定稿会形式集体定稿。征求意见的过程，也是促进医院不同群体相互沟通的过程。广泛的参与，有助于将工作组的意见转

化为组织的意见，使医院的使命和愿景得到全体员工的认可。

6. 正式公布使命陈述，并广泛宣讲、传播，让员工、社会对此都有清晰的了解和认识、认同，并在日常工作中努力践行，形成医院的独特风范。

第二节　院训与核心价值

一、院训、核心价值观与医院精神的内涵

医院常常通过制定院训来表达医院的核心伦理价值观念，指引员工为实现医院的使命和愿景而奋斗。核心价值（core values）是指导组织成员行为和决策的原则和信仰系统。医院的核心价值是医院建设发展中倡导的核心价值理念，是医院和医院成员做人做事遵守的精神向导，如北京朝阳医院核心价值观表述为“德医双馨、生命至上”。

医院精神是根据核心价值观营造的员工共同的内心态度、意志、思想和追求，以及相应的精神文化氛围。

医院精神和核心价值是医院文化的集中概括和高度提炼，在我国通常以院训的形式出现。它们主要回答在这个医院中，什么是最重要的，医院倡导什么价值，员工应怎样行动。下面3个医院的院训是较为典型的例子。

1. 北京大学人民医院院训　“仁恕博爱，聪明精微，廉洁醇良”。出自医院建院碑文《创建中央医院记》（1917年）中“本仁恕博爱之怀，导聪明精微之智，敦廉洁醇良之行”的核心词汇。“仁恕博爱”代表人文精神，“聪明精微”代表科学精神，“廉洁纯良”代表奉献精神，意为以尊重仁爱为行医之本，以悟新严谨为治学之道，以正直自律为处事之则。（来源：https://www.pkuph.cn/yiyuanyuanxun.html）

2. 北京积水潭医院院训　“精诚、精艺、精心”。它是北京积水潭医院院长田伟在1997年提出的，后经全院对院训的征集，全院投票，被选为院训。田伟院长曾对院训内涵做过精辟的诠释：“‘精诚’过去就有古训——‘大医精诚’，这不是一个简单的是否诚实的问题，它有着更深厚的内涵，是对医生品德的高标准高要求。‘精艺’是一个医生实际的表现。一个医生，没有好的技术，怎么可能是一个好大夫？而且，好的手术技巧只有上升到艺术的高度才能把医生真正做好。‘精心’是治病救人时更重要的。……做一名医生，从小处讲，这是你的职业，你要完成你的工作；而从大处讲就是做人，你要对得起社会，对得起别人，对得起自己。”（来源：https://www.jst-hosp.com.cn/Html/News/Articles/184.html）

3. 北京中医医院院训　“仁术勤和”。①“仁”：代表仁慈、大爱和德行，把“仁”放在院训的首位，彰显了医院医务工作者崇尚“救死扶伤、大爱无疆”的医院文化和道德追求。②“术”：是医术、学术和技术，标志着医院医务工作者对医术力求精益求精、对学术力求科学严谨的职业精神。③“勤”：是勤奋、努力和奉献，凸显了医院医务工作者爱岗敬业、勤学苦练、热忱为患者服务的风貌。④“和”：是和谐、和睦、和顺，既体现了中医“天人合一”的思想，也体现了其构建和谐医院的理念和追求。（来源：https://www.bjzhongyi.com/details/6243.html ?_isa=1）

二、院训与核心价值观的作用

好的院训和核心价值观，能够有效指导医院决策，并有效塑造员工的良好行为。

1. 指导医院决策　院训和核心价值观明确了在医院中哪些事情是最重要的，哪些行为是需要鼓励的。医院管理者在工作中会遇到不少冲突，院训、核心价值观等蕴含的道德原则有助于帮助管理者作出更好的选择，为他们提供决策指导。

2. 塑造员工行为　院训和核心价值观会影响员工为人做事的态度，规范他们的言行举止，塑造他们的行为模式，形成无须提醒的职业习惯，散发自然流淌的德性光辉。

案例讨论

【案例】美国克利夫兰诊所是世界上最顶尖的医疗机构之一，成立于1921年，是一个集医疗、研究和教育于一体的非营利性多学科医学中心。截至2020年，它在全球拥有18家医院和200多个诊所、5996张床位、4640名医生和医学科学家、14 381名护士，年门诊量达870万人次。2021年，恰逢百年华诞，克利夫兰诊所总裁宣布更新诊所的使命陈述，为接下来的一百年发展奠定基础。

克利夫兰诊所原来的使命陈述是：“为病人提供更好的照护，深入研究他们的问题，并进一步教育为他们服务的人。（To provide better care of the sick, investigation into their problems and further education of those who serve.）”新的使命陈述为：“照护生命、研究健康、培养医生。（Caring for life, researching for health, educating those who serve.）”新的使命更加简洁，更重视对人全生命周期的关照。

克利夫兰诊所的愿景也非常简明而又鼓舞人心：“在全球范围内，成为患者看病最好的地方，医疗领域最好的工作单位。（Our vision for Cleveland Clinic is to be the best place for care anywhere and the best place to work in healthcare.）”国内有人

曾在网上发表评论说，好的医院有两个标志，一是患者把最后的希望留在这个医院，如果这个医院没法治也就死心了；二是医生都想在这个医院工作，因为它是职业生涯的辉煌。克利夫兰的愿景无疑符合这两个标准。

为落实这一愿景，诊所设定了四个优先：患者优先、照护提供者（医护人员）优先、组织（诊所）优先和社区优先。为每个优先项提出了具体的愿景，使得医院的员工和利益相关者都能将自己与医院愿景联系起来。①对待患者方面：诊所要成为患者在全世界最好的治疗场所。照顾患者是诊所存在的首要原因，诊所用多学科团队努力为患者提供最好的照护。每天都要挑战自己，争取做得更好，努力帮助更多的人，减少患者痛苦，为每个患者提供最好的治疗结果和就医体验。②在照护提供者方面：诊所要成为医疗卫生领域最好的工作地点。要如同对待家人一样对待医务人员，为医务人员提供安全的工作环境，并创造各种机会促进他们成长。③在组织机构方面：像对待自己的家一样对待诊所，进一步扩大诊所服务能力，更用心地善用资源，保持稳健的财务状况。④在社区层面：为所在社区作出贡献，促进本地经济发展，提升本地区居民的健康水平。

为了实现这些愿景，诊所制定了2024年要实现的战略目标：实现医疗转型、吸引人才、扩大服务、拥抱数码、优化资源。①医疗转型：为患者提供从产前到老年的全生命周期的照护，陪伴他们走过生命的每个阶段，关照他们身体、社会、心理等不同方面的需求。②吸引人才：诊所的发展依赖于吸引人才的能力，包括招聘最优秀的人才、让他们积极投入工作，促进他们的发展。为此，诊所将努力用高超的技能和热情的态度，为医务人员服务，防止他们职业耗竭。③扩大服务：通过更多的途径在更多的地方为更多的患者提供服务，争取在2024年实现服务人数翻倍。④拥抱数码：积极运用数字技术，提供更智能、更能负担、更容易获得的医疗服务，走在数字医疗的前沿。⑤优化资源：打造一个可持续发展的高效医疗服务系统，降低医疗成本，提高空间利用率。

医院还强调在所有的活动中都要坚持诊所的核心价值：品质与安全、同情心、归属感、正直诚信、团队合作、创新驱动。①品质与安全：通过有效的互动、决策和行动，提供最高标准的服务和最好的治疗效果。②同情心：换位思考，尽可能地减轻痛苦、创造欢乐。③归属感：着力创造一个慈悲怜悯的环境，珍视和尊重每一个人。④正直诚信：严格遵守诚实、保密、信任、尊重、透明等道德原则和职业操守。⑤团队合作：团结协作，致力于为患者和同事提供最好的医疗、安全和幸福。⑥创新驱动：努力通过作出或大或小的改变推动医疗各领域的转变。

克利夫兰诊所的使命、愿景、战略、核心价值观理念清晰、相互贯通而又令人鼓舞，是一个比较成功的典型案例。（来源：https：//my.clevelandclinic.org/about/overview/who-we-are/mission-vision-values；https://newsroom.clevelandclinic.org/2021/01/13/cleveland-clinic-ceo-and-president-tom-mihaljevic-m-d-announces-new-mission-statement-in-state-of-the-clinic-address/）

【讨论】

1. 克利夫兰诊所的新旧使命表述有什么区别？在成立百周年的时刻修改使命陈述的意义是什么？

2. 克利夫兰诊所是如何将组织的发展愿景与医院员工、患者等利益相关者联系起来的？这样做的作用是什么？

三、当前院训和核心价值观表述存在的主要问题

当前大部分医院都有自己的院训、核心价值观的文字表述，但仍存在一些突出问题需要进一步改进。

（一）用词集中，重复趋同，个性不够鲜明

有研究者对240家大型公立医院院训进行分析，发现这些医院的院训过分追求语言对仗等形式美。240家医院院训中，98家采用了四字韵语的形式，122家采用了两字韵语的形式；在内容上，大量使用“仁爱”“奉献”等重复字词，超过53%的院训包含“精”字（如精诚、求精等），超过21%的医院院训含有“仁爱”一词，趋同性强，特色不够突出（表3-1）。

表3-1 院训关键词使用次数与重复率

关键词	使用次数	重复率（%）	关键词	使用次数	重复率（%）
仁爱	51	21.25	精诚	30	12.50
奉献	48	20.00	诚信	25	10.42
敬业	42	17.50	求（技）精	23	5.00
求（务）实	42	17.50	精医	15	6.25
厚（崇）德	42	17.50	博学	14	5.83
团结	39	16.25	至善	12	5.00
严谨	33	13.75	博爱	12	5.00
创新	31	12.92	和谐	11	4.58

注：引自倪歌，倪凯，吴晓芳. 240家大型公立医院院训特点分析［J］. 解放军医院管理杂志，2013。

另一项对首都医科大学系统医院院训研究也发现类似问题。在调查的18所医院中，医院院训共计用字107个，其中精、诚、勤、博、爱、仁、和、严、医共计用字54个，用字数量超过所有院训用字的一半。

表3-2　首都医科大学18所附属医院及教学医院院训一览

医院	院训	医院	院训
宣武医院	诚勤严精	北京儿童医院	公慈勤和
北京友谊医院	仁爱博精	北京口腔医院	严精勤谨　厚德博才
北京朝阳医院	精医重道　和合致远	北京妇产医院	德爱精勤
北京同仁医院	精诚勤和	北京中医医院	仁术勤和
北京安贞医院	公勤严廉	北京世纪坛医院	敬业乐群　慈爱济人
复兴医院	精诚博爱	北京电力医院	仁诚博精
北京佑安医院	求实奉献　精湛创新	北京怀柔医院	团结、博爱、求精、创新
北京胸科医院	盛德敬业　精诚济世	北京市大兴区人民医院	诚信、仁爱、博精、图强
北京地坛医院	医诚技精　求实创新	北京市平谷区医院	博学、诚信、包容、进取

注：引自吴云. 浅析医院院训文化［J］. 现代医院，2019。

（二）宣传不到位，员工知晓率低

有些医院委托咨询公司定制形象识别系统（CIS），帮助医院起草了使命、愿景、院训、核心价值观，设计了院徽、院旗等标志物，但这些只是停留在领导的报告中，没有广泛宣传，更没有深入员工内心。宋财森、王秋蓉、魏世超在福建省某医院院内进行问卷调查（2018年），也发现接受调查的医生、护士和行政后勤人员中，只有26%的人能完整复述本院的长度仅为8个字的院训。

第三节　从战略意图到战略竞争力

如同一个人只是拥有远大的理想并不能保证他将来成功一样，一个医院仅仅发布使命、愿景、院训和核心价值观而没有采取有力的措施，这些战略意图也无法形成医院的竞争力。医院需要从战略意图着手，推动医院的战略管理；需要从院训、核心价值观出发，扎实推进文化建设，形成医院文化品牌。

一、从战略意图着手，全面推动医院战略管理

明确医院使命、愿景和核心价值观只是医院战略管理的基础。一个完整的战略管理过程包括战略规划、战略实施和战略评估三个部分。更具体地说，医院在明确使命和愿景之后，还需要分析外部环境和内部条件（进行机遇、挑战、优势、劣势的SWOT分析），在此基础上确立长期目标（如五年奋斗目标），然后制定实现这些目标的具体战略举措并实施，实施的过程中还需要定期进行战略评估，根据评估效果调整和优化战略。

医院使命、愿景和核心价值观要在战略管理中充分发挥作用，首先，需要医院负责人高度重视，亲自参与制定和解读。院领导的价值取向、精神追求、人格魅力、管理艺术，在此过程中起着至关重要的作用。其次，在制定过程中，重视员工参与，加强沟通和讨论，真正达成共识，获得员工的认同。最后，这些文件要融入医院的具体战略举措，融入医院的日常工作，涵盖整个组织体系，成为员工的自觉意识。

二、塑造文化品牌，提高医院软实力和巧实力

在医院最初的成长阶段，医院的领导更注重从购进先进设备、提高医疗技术、扩大医院规模等方面来提升医院竞争力。而当医院发展到一定阶段，医院之间技术、设备等方面差别不是很大时，同一层次医院的竞争更多的是在医院文化的层面开展，患者更关注医院的服务态度、就医环境和医院的文化品牌。医院的使命、愿景和核心价值观是医院文化的精髓，也是打造文化品牌的入手点，它能增强组织的凝聚力、执行力、协同力、创造力，推动医务人员为患者提供更优质、贴心的服务，提升患者的满意度和医院的美誉度，形成医院的软实力和巧实力。

三、多措并举，让医院的核心价值观在员工心中扎根

医院的使命、愿景、核心价值观不能停留在纸面上，只是在“墙上挂挂、纸上画画”，要采取促进传播、树立榜样、及时奖励等手段让其在员工心中扎根。

（一）促进传播

需要采取多种渠道向全体员工和外部的利益相关者广泛传播院训、使命、愿景、核心价值观等。如在医院醒目的位置张贴宣传海报，在医院的官方网站、微信公众号、官方微博等媒体上宣传，时时传递医院的价值观。2016年12月10日，通过北京市医院管理局网站查找到了22家市属医院的官网主页，对网站所展示的文化建设基本要素进

行了记录分析；2021年10月3日再次访问，检查其更新情况。发现22家医院中有20家在网站上提到了本医院的院训，但只有8家对院训进行了解释。有6家医院设立了单独的核心价值，6家医院提及了他们的核心价值，只有5家医院列出医院发展的愿景。大部分医院在过去的5年中对相关内容没有及时更新。大型三甲公立医院如此，国内其他医院的状况可见一斑，医院这方面的宣传意识还需要进一步加强。

（二）树立榜样

医院领导要以身作则，率先示范，在言谈举止间和进行决策时必须遵守医院的核心价值观。

（三）及时奖励

医院的激励制度要体现医院的核心价值观，以医院的使命和愿景为导向设置激励制度，对表现突出的先进个人及时进行奖励，对违反医院核心价值观的反面典型要严肃问责。

本章小结

医院的使命、愿景、院训和核心价值观是医院文化的集中概括和高度提炼。本章对这些概念的内涵进行了分析，描述了如何制定好的使命、愿景、院训和核心价值观表述的方法。医院在制定完成后，还要将这些理念贯穿到医院战略管理的全过程，融入医院运行的各个环节，全方面打造医院文化品牌，通过促进传播、树立榜样、及时奖励等途径将这些理念转化为医院的竞争力。

（谢广宽）

参考文献

［1］约翰·布赖森.公共与非营利组织战略规划［M］.孙春霞，译.北京：北京大学出版社，2010.

［2］倪歌，倪凯，吴晓芳.240家大型公立医院院训特点分析［J］.解放军医院管理杂志，2013，20（12）：1144-1146+1160.

［3］王建敏，王香平，张国君，等.从368所医院院训的调查研究看医师应当具备的职

业精神［J］.中国医院，2015，19（12）：49-51.
［4］史楠，刘玉和.从三甲医院核心价值观表述看医疗卫生职业精神现状［J］.中国医学伦理学，2013，26（02）：159-161.
［5］宋财森，王秋蓉，魏世超.从医院院训浅谈医院核心价值观建设［J］.现代医院管理，2018，16:（3）：94-96.
［6］吴云.浅析医院院训文化［J］.现代医院，2019，19（7）：967-970.
［7］杰弗里·哈里森，史蒂文·汤普森.医疗机构的战略管理：利益相关者管理方法［M］.吴国安，王君丽，陈琳，译.北京：机械工业出版社，2020.

第四章　医师职业精神的锻造

学习目标

1. 熟悉　医师职业精神的内涵。
2. 了解　医师职业精神的原则。
3. 领会　医师职业精神与医院文化的关系。
4. 掌握　医师职业精神的培育途径。

医师职业精神是现代医院品牌、品质、风范、医者人格、德性的隐形支撑，是把握技术与人文、财富与人性张力的“看不见的手”，也是医院文化建设的核心模块，还是院风正派与行风清朗的道德、伦理基石。本章将从历史与现实多个角度探讨医师职业精神的内涵、基本原则；分析医师职业精神与医院文化的关系，并就如何锻造医师职业精神提出政策建议。

第一节　概　　述

职业（profession），又译为“专业”，是指更具有使命感、高尚动机、严格操守和标准的行业，区别于“业余”和“外行”。律师、医师等属于比较典型的职业。职业精神（professionalism），又译为“专业精神”或“职业素养”，最早于1856年出现在《韦伯斯特词典》（*Webster's Dictionary*）中，主要指某一职业或从事该职业的人所具有的独特的行为、目标和品德。医师职业精神（medical professionalism），又译为“医学专业精神”“医师职业素养”，主要是指“构成医患信任基础的一组价值观、行为和关系”（英国皇家医学院，2005）。医师职业精神反映了社会对医师这一行业的期待，是医师与社会之间的一种隐性契约，也是维持患者对医师信任的基础。

医师职业精神的认知最早可以追溯到公元前4世纪的《希波克拉底誓言》。但随着市场化的发展，医学界与企业界的边界日益模糊，医师及其所在机构（如医院、诊所等）与厂商的利益关系日益复杂，医师对个人及所在机构自身利益的考量使他们越来越难以承担对患者的责任和对社会的义务。在此背景下，医学界试图重铸医师职业精神。

2002年，由美国内科学委员会、美国医师学院和欧洲内科医学联盟共同发起和倡议，发表了《新世纪医师职业精神——医师宣言》（以下简称《医师宣言》），重新明确医师职业精神的基本原则和责任。《医师宣言》明确提出了3个原则：将患者利益放在首位的原则、患者自主原则、社会公正原则。医学界要在医疗卫生体系内促进公平，公平分配医疗卫生资源，努力消除医疗卫生中的各种歧视。《医师宣言》规定了10种具体的职业责任：提高业务能力；对患者诚实；为患者保密；和患者保持适当关系；提升医疗质量的责任；增进医疗可及性；对有限的资源进行公平分配；对科学知识负有的责任；通过解决利益冲突维护信任的责任；对职责负有的责任（如行业自律）等。目前包括美国、英国、法国、德国、加拿大、中国等国在内，已有30多个国家和地区的130个国际医学组织认可和签署该宣言，成为国际医学界的重要共识。

学术界对医师职业精神的理解并不局限于《医师宣言》所做的阐释。由于不同地区的社会结构、法律制度、教育体系、卫生系统、医疗实践存在着很大的区别，人们对医师职业精神也存在不同的解读和理解。根据2020年发表的一篇回顾性研究*Nurturing professionalism in medical schools. A systematic scoping review of training curricula between 1990—2019*，在1990—2019年发表的162篇文章中，对医师职业精神做过58种定义或相关描述，这些描述主要集中在临床胜任力、人文品质和德性以及反思能力方面。临床胜任力相关技能包括（与患者或医学同行）有效沟通的能力、程序性技能（procedural skills）、临床决策能力、情景识别能力（situational awareness）、伦理和法律方面的技能。人文品质和德性包括利他主义、荣誉感、尊重、诚实、正直、共情。反思能力主要指能够深度反思自己的经历、信念和执业行为的能力，还包括对行医路上自我提升进展的自我觉知。

一、中国医学对职业精神的探索

中国古代，有许多著名医学家对行医之人应具有的品质提出了明确的期望。如东汉时期，医圣张仲景在《伤寒杂病论》序中提出习医的目的就是“上以疗君亲之疾，下以救贫贱之厄，中以保身长全，以养其生”，医生不能“孜孜汲汲，惟名利是务”。晋代杨泉在《论医》中提出：“夫医者，非仁爱之士不可托也；非聪明理达不可任也，非廉洁淳良不可信也。”隋唐时期，孙思邈在《大医精诚》中说：“凡大医治病，必当安神定志，无欲无求，先发大慈恻隐之心，誓愿普救含灵之苦。若有疾厄来求救者，不得问其贵贱贫富，长幼妍蚩，怨亲善友，华夷愚智，普同一等，皆如至亲之想。亦不得瞻前顾后，自虑吉凶，护惜身命。见彼苦恼，若已有之，深心凄怆。勿避险巇、昼夜、寒暑、饥渴、疲劳，一心赴救，无作功夫形迹之心。如此可为苍生大医，反此则是含灵巨贼。”提出医生既要有精湛的医术（“精”）、又要有高尚的品德（“诚”）；对待患者要怀有慈悲恻隐之心，不分贵贱贫富一律平等对待，不怕脏累劳苦和风险，要一心帮助患者。

在近现代革命史中，毛泽东对白求恩医生的高尚精神进行了精辟的概括，也是对医师职业精神的经典阐释。他在《纪念白求恩》一文中，认为白求恩“毫不利己专门利人的精神，表现在他对工作的极端的负责任，对同志对人民的极端的热忱”；学习白求恩“就可以变为大有利于人民的人”，“只要有这点精神，就是一个高尚的人，一个纯粹的人，一个有道德的人，一个脱离了低级趣味的人，一个有益于人民的人”。

2005年，中国医师协会正式签署《医师宣言》，开展医师职业精神的推广活动。2011年，中国医师协会又结合国情发布了《中国医师宣言》，重申医师应遵循患者利益至上的基本原则，弘扬人道主义的职业精神，恪守预防为主和救死扶伤的社会责任，提出了“平等仁爱、患者至上、真诚守信、精进审慎、廉洁公正、终生学习”等十条核心承诺。

在2016年召开的全国卫生与健康大会上，习近平同志用“敬佑生命、救死扶伤、甘于奉献、大爱无疆”16个字，概括了新时代广大卫生与健康工作者的行业精神。2020年，大批中国医生不顾个人安危，逆行武汉支援湖北抗击新型冠状病毒肺炎疫情，中国医生用自己的行动对这一精神进行了精彩的阐释。

二、医师职业精神的基本原则

《医师宣言》提出了医师职业精神的3个基本原则，对医学界产生了深远的影响，下面简要阐释这3个基本原则的内涵和要求。

（一）把患者利益放在首位原则（principle of primacy of patient welfare）

把患者的利益放在首要位置，是医师作为一个职业对社会的承诺，这种利他主义的承诺是医师行业赢得社会公众信任的基础，公众信任又是医患关系的核心。把患者利益放在首位，并不是要牺牲医生的利益，医生的利益和患者的利益并没有必然的冲突，在大多数情况下二者的利益是一致的。把患者的利益放在首位，强调的是医生不应屈从商业利益、社会压力和管理的紧急而牺牲患者的利益。医生应尽量避免让患者受到不应有的伤害，并尽力维护患者的最佳利益。在《医师宣言》列出的十项职业责任中，以下四项与这条原则直接相关。

1. 提高业务能力 医生应终身学习不断提高自己的医学知识、临床技能和团队合作等胜任力来为患者提供高质量的服务。

2. 和患者保持适当关系　在医患关系中，患者通常处于弱势地位、对医生产生依赖性，医生不能利用患者谋取个人经济利益或达到个人其他目的。

3. 具有提升医疗质量的责任　医生有义务不断提高医疗质量，减少医疗差错，杜绝过度检查和过度医疗，维护患者的健康和利益。

4. 具有通过解决利益冲突维护信任的责任　医生及其所在组织不能因为追求私利或个人的好处而危害他们的职业责任。在他们与医药厂商交往时，有责任识别、公开和妥善处理利益冲突，维护公众对医生职业的信任。

（二）患者自主原则（principle of patient autonomy）

“自主（autonomy）”的本意就是“自治”。患者自主，就是患者具有理性决策能力时，医生要尊重患者的选择权，诚实地对待患者，并使患者在了解病情的基础上对治疗作出决定。在《医师宣言》列出的十项职业责任中，以下两项与这条原则直接相关。

1. 对患者诚实　是尊重患者自主权的直接要求，医生应尊重患者的知情同意权，如实告知患者病情，尊重他们的选择。医生不应欺骗患者，即使发生了医疗差错，也应如实告诉患者，否则会削弱患者和公众对医生的信任。

2. 为患者保密　医生尊重患者隐私、为患者保密，患者才会信任医生，将相关情况坦诚地告诉医生。当然，这种保密义务不是绝对的，当患者有自杀倾向、危害社会利益时，或当法律规定医生需要报告（如法定传染病）时，医生可以不履行这种保密义务。

（三）社会公正原则（principle of social justice）

公正（justice），又译为“正义”，是社会制度安排的首要美德。优质卫生资源通常具有稀缺性，医生在卫生资源分配方面或多或少具有一定的决定权，其有义务公平分配卫生资源，平等对待患者，消除各种歧视，促进社会公平。在《医师宣言》列出的十项职业责任中，以下两项与这条原则直接相关。

1. 增进医疗可及性　医生应努力消除基于教育、法律、经济、地域以及社会歧视形成的障碍，使不同阶层的人都公平享受医疗服务；医生应廉洁自律，不能以权谋私（如收红包、回扣等）。

2. 对有限的资源进行公平分配　医生应当明智而有效地利用有限的医疗资源为患者提供卫生保健服务，要避免多余的检查和操作。提供不必要的服务不仅使患者可能受到本可避免的伤害，增加患者不必要的费用，而且减少了其他患者可以获得的资源。

《医师宣言》中还有两项职业责任与这三个基本原则存在间接关系，同样需要医师遵守。①对科学知识负有的责任：从事研究活动要保持科研诚信。②对职责负有的责任：与同行通力合作维护患者最佳利益，尊重同行，制定行业标准，纠正和惩戒不遵守行业规定的医生，加强行业自律。

第二节　医师职业精神与医院文化

医师职业精神与医院文化是相辅相成、相互影响的，二者关系密切。在某种程度上，医师职业精神是医院文化的灵魂，是医院文化的重要组成部分。医师职业精神的培育离不开医院的文化土壤。好的医院文化会促进医师职业精神的发展，不良的医院文化会阻碍医师职业精神的发展。

一、医师职业精神是医院文化的重要组成部分

正如第一章所述，医院文化包含四个层面的内容：精神文化、制度文化、行为文化、物质文化。精神文化包含职业信仰、愿景、宗旨、价值观等内容。医师职业精神是医院价值观的体现，是医院文化的重要组成部分。

医院的院训、宗旨、使命陈述等往往也体现出医师职业精神的核心内容。如北京老年医院倡导的“博爱、和谐、严谨、求精”的文化精神，北京天坛医院形成的“医德高尚、精益求精、严谨求实、勤俭廉洁”的文化精神，其“严谨”“求精”等内容都与医师职业精神强调医生要终身学习不断提高自己的医学知识与临床技能、提高医疗质量的要求很契合。

二、医院文化直接影响医师职业精神的发展

医院文化作为一个系统，不同层面的组成部分也相互影响。好的医院文化会促进医师职业精神的发展，不良的医院文化会阻碍医师职业精神的发展。

案例讨论

【案例】张医生是某儿童医院的内科医生，他接诊了一名2岁的腹泻患儿，轻度脱水，诊断为轮状病毒引起的急性胃肠炎。目前轮状病毒并无特效药物，张医生只需要指导家长给患儿口服电解质溶液，并提出给患儿进食的建议。但在当地，绝大部分患儿腹泻都采用抗生素治疗方案，家长也习以为常，其中静脉注射头孢类抗生素最为普遍。头孢类抗生素为广谱抗生素，可能破坏患儿的肠道菌群，还会引起耐药菌产生。此时，医药代表正在张医生所在的科室推广某厂家的头孢哌

酮钠粉针剂，对于该患儿可以每天用1支，连续5天。每支售价60元，总计费用300元。张医生会得到一定比例的药品提成，能够得到几十元的收入。（案例来源：哈佛大学萧庆伦教授课题组）

【讨论】这种情况下，张医生应怎么办？

这个案例中涉及的回扣问题是医师职业精神中的重要话题。张医生很清楚自己不应考虑厂商的回扣而给患儿开抗生素，因为滥用抗生素是一种过度医疗，会危害患儿的健康，违背患者利益优先原则；如果产生耐药菌，还可能引起公共卫生问题，也违背了医师职业精神的另一个原则——社会公正。面对这种情况，张医生应该遵循医师职业精神，坚决拒绝收受回扣。在此过程中，医院文化对他坚守医师职业精神构成助力或者形成阻力。如果医院风清气正，张医生就很容易作出符合医师职业精神原则的选择；如果医院风气不正，张医生在坚守医师职业精神时就会遇有较大阻力。

三、扬医院文化之帆，锻造高洁的医师职业精神

当前，在全球范围内，医师职业精神都面临很多严峻的挑战。如市场经济的商业化、营利驱动行为在医院蔓延，侵蚀了医师职业精神。医疗服务被当作商业交易，商业中的自身利益最大化原则与医师职业精神中“把患者利益放在首位”的利他承诺相互冲突。信息化技术等高科技的发展，使得保护患者隐私越来越难。在这种情况下，靠单个医生单枪匹马高扬医师职业精神大旗对抗社会逆流难度很大，医师作为一种职业更需要抱团取暖、同舟共济、应对挑战。医生所在的组织文化所起到的作用就格外重要。在一个缺乏良好组织文化的医院中，当一个医生发现身边的同事都无法恪守职业操守时，他也很难继续保持自己对职业精神的承诺，这就是“白沙在涅，与之俱黑”；反之，在具有良好医院文化的单位，当一个医生即使在意志软弱、想放弃利他承诺时，看到身边的同事都在坚守，他也会继续坚持，正所谓“蓬生麻中，不扶而直”。

第三节　医师职业精神的培育

医师职业精神的培育需要贯穿从本科教育到毕业后教育、从医学生到医生的整个过程。

一、医学院校的医学生教育

医学生是未来的医生，本科阶段的职业精神（职业素养）教育对他们未来的行医之路影响深远，必须高度重视医学生阶段的医师职业精神教育。

（一）医学院校教育面临的障碍

1. 系统层面 社会不良风气对课堂教育的削弱，学生在临床实习中看到带教老师违背医师职业精神的行为，可能会让学生怀疑课堂讲授的内容。

2. 单位层面 课程之间不连贯、相互重复；师资缺乏，缺少经费支持和行政支持，很难客观公平地评估医师职业精神教育的成果。

3. 个体层面 学生课程多、学业繁重、不重视医师职业精神教育。

（二）医学院校教育的措施

1. 整合不同方面的教学内容

（1）临床技能：系统讲授内科、外科、妇产科、儿科、眼科、皮肤科等临床技能。

（2）人际沟通：现在国内医学院校主要讲授医患沟通，还应增加医生、护士、管理人员等不同人群之间的有效沟通。

（3）伦理与法律：在国内大部分医学院校这部分内容作为医学伦理学和卫生法学两门课单独讲授，但这两部分内容结合紧密，也可以合在一起讲授。北京大学医学人文学院近年开设了一门“医疗伦理与法律之医疗剧欣赏”的选修课，选定一部经典的医疗剧，医学伦理学和卫生法学两位老师与选课的同学一起讨论剧中的伦理和法律问题，取得了非常好的效果。

（4）医学与社会：从社会学和人类学的角度帮助医学生理解医学的社会背景、疾病的文化意义等问题。

2. 综合采用多种教学方法

（1）说教法：宣贯临床知识、医师职业精神的重要性，医生的权利与义务等。

（2）案例讨论法：如结合临床案例讨论伦理法律方面的问题。

（3）榜样示范法：用正面榜样和反面典型来传授医师职业精神方面的知识，塑造医学生正确的行为习惯。

（4）模拟练习法：采用角色扮演等方式模拟练习医师职业精神相关技能。

（5）临床见习：通过早接触临床、患者家访、医院志愿服务等途径，接触临床环境，与患者、患者家属互动。

（6）反思练习：包括反思写作、交流报告、及时反馈、整体支持。

3. 促进正式课程与隐性课程（hidden curriculum）相结合　在医学院校中，除了要善用医学伦理学等正式的课程进行医师职业精神教育外，还要积极利用大学生暑期实践活动、“大学生创新实验项目”等活动，引导医学生开展医师职业精神相关的宣传和研究活动。学校还可以通过举办医师职业精神主题书画展、摄影展等活动，在校园塑造有利于医师职业精神发展的文化氛围，真正做到“教书育人、管理育人、服务育人”。

二、毕业后的继续教育

住院医生、进修医生、青年医生等群体仍处在成长阶段，也是医师职业精神培训的重点对象。与医学生阶段的教育相比，这一阶段的医师职业精神培养应注意以下几点。

（一）言传身教、知行合一

部分青年医生以为自己在学校已经学习过医学伦理学、卫生法学、医患沟通等医学人文类课程，这方面的知识已经足够，进入工作岗位后就不注意继续学习医师职业精神方面的内容。医院要及时纠正这种不良倾向，强调医师职业精神的重要性，职业精神培育、强化应该高于、先于专业知识与技能教育。

这一时期的教育可以将医师职业精神教育的内容融入临床专业教育中，通过上级医生的言传身教，为年轻医生树立良好的榜样。医师职业精神具有很强的实践性，在考查教育效果时也应重点考查实践。

（二）探索新的教育形式

1. 组织医师职业精神方面的研讨活动　国内外每年都有不少医师职业精神方面的研讨会，如北京大学医学部中美医师职业精神研究中心每年组织临床医生、医院管理者、医学人文研究者、卫生政策制定者和新闻媒体代表参加医师职业精神研讨会，围绕医师职业相关问题进行研讨，助力青年医生的职业精神发育。

2. 开展医师职业精神工作坊　工作坊是一群专家型学员集合在一起，就某一主题进行问题讨论并形成解决方案的教育形式。工作坊的时间灵活、可长可短，突出团队之间的合作。学员在工作坊可以分享在医师职业精神方面的经验与知识，极能促进学员们积极的学习与技巧的获得。具体形式可采用交互式演讲、小组讨论、个案报告与讨论、座谈与辩论、个人与小组练习、角色扮演与模拟、练习与反馈、录像回顾等方法。

3. 组织青年医生拜访德高望重的业界前辈　在过去，北京协和医院、中南大学湘雅医院等医院的传统的职业精神传承基于学徒制或学生数量很少的精英教育，是道德与技能合一的言传身教，而今的医学教育是大规模的技能教育，更注重知识技能传播，疏于道德人格传承。为了弥补这方面的不足，医院和科室可以组织青年医生定期拜访本单位一些德高望重的业界前辈，为青年医生学习前辈的精神创造更多的机会。

4. 开展读书会、观影会等 激发青年医生的学习兴趣。

案例讨论

【案例】中国医学生职业精神发展联盟（Chinese Medical Students Alliance on Professionalism，CMSAP；以下简称“联盟”）是旨在以中国医学生为活动主体，在医学生教育主管部门、医学人文类教学机构、相关研究中心等单位的指导和支持下，为促进中国医学生医师职业精神的发展而搭建的一个平台，旨在为更多的医学人文教学人员提供一个互相帮助、互相交流的平台，帮助他们更好地促进医学生对医师职业精神的体认和实践，鼓励医学生坚守职业理想，建立健全职业人格，培养专业胜任力和社会担当，最终实现全人教育。联盟针对国内在医学生职业精神养成过程中存在的问题，深入调研，向社会传递医学生的声音。使有担当、愿为我国医学生职业的健康发展和卫生体制改革献计献策的同学们有一个互相交流、互相支持的平台。2021年9月举办的第14届医师职业精神研讨会学生分论坛上，共有来自10个医学院校的18支学生团队报告了他们的医师职业精神相关研究，激发了医学生对医师职业精神教育的积极性。

【讨论】如何更好地利用学生组织等形式来促进医学生医师职业精神的发展？

本章小结

医师职业精神（medical professionalism），主要是指“构成医患信任基础的一组价值观、行为和关系”，它反映了社会对医师这一行业的期待，是医师与社会之间的一种隐性契约，也是维持患者对医师信任的基础。《新世纪医师职业精神——医师宣言》明确提出了医师职业精神的三个基本原则：将患者利益放在首位的原则、患者自主原则、社会公平原则。医师职业精神与医院文化相辅相成、相互影响，关系密切。在某种程度上，医师职业精神是医院文化的灵魂，是医院精神文化的重要组成部分。医师职业精神的培育离不开医院的文化土壤。好的医院文化会促进医师职业精神的发展，不良的医院文化会阻碍医师职业精神的发展。当前医师职业精神正面临商业化的严峻挑战，要加强医院文化建设，锻造医师职业精神。

具体而言，培育医师职业精神要贯穿从本科教育到毕业后教育、从医学生到医生的整个过程。在医学生教育阶段，整合医师职业精神不同方面的教学内容，综合采用多种教学方法，促进正式课程与隐性课程相结合。在毕业后教育方面，要注意言传身教、知行合一，不断探索新的培训形式，激发青年医生的学习积极性。

（谢广宽）

参考文献

［1］Tay K T，Ng S，Hee J M，et al.Assessing professionalism in medicine — a scoping review of assessment tools from 1990 to 2018.J Med Educ Curric Dev.2020，7：2382120520955159.doi：10.1177/2382120520955159.

［2］Yun Ting Ong，Cheryl Shumin Kow，Yao Hao Teo，et al.Nurturing professionalism in medical schools.A systematic scoping review of training curricula between 1990-2019. Medical Teacher，42：6，636-649.

［3］Sheri K，Too J Y J，Chuah S E L，et al.A scoping review of mentor training programs in medicine between 1990 and 2017.Med Educ Online，2019，24（1）：1555435.

［4］Royal College of Physicians .Doctors in Society：Medical Professionalism in a Changing World.Clinical Medicine，2006，6（1）：109-113.

［5］DeAngelis CD.Medical professionalism.JAMA.2015，313（18）：1837-1838.

［6］丛亚丽，杨柳，陈红敬. 医师职业精神与医院文化［J］. 中华医院管理杂志，2016，（10）：785-786.

第五章　职业幸福与利他快感

学习目标

1. 熟悉　职业幸福的基本内涵与悖论。
2. 理解　职业幸福的历史积淀。
3. 领会　职业幸福与利他快感的内驱机制与心流效应。
4. 把握　职业幸福的叙事赋能。

从医院文化的角度看，医护的职业幸福有两个面相，一个硬，一个软，一面务实，一面务虚。前者是可以被核定、考量的、物质化的职业福祉、职业福利，是生活体面、优雅的基础；后者是被感受、体验的、精神化的职业幸福感，包括尊严、社会美誉度。因此，要切实提升医院场景中员工的职业幸福，必须两手抓，两手都要硬，务实与务虚相结合。

毋庸讳言，如今在医学界对于职业幸福的认知存在着深刻的悖论，一方面大家都认同职业福祉、福利在稳步、持续增加，当然实际境遇也不平衡，城市、大型医院的医生及高年资医生的职业福祉改善比较明显，而一些边远地区、基层医院的医生及低年资医生的收入、待遇还有待进一步改善；另一方面则是许多人自述其职业幸福感在不断降低，职业体验在逐渐滑坡。与之类同的还有律师行业，塞利格曼（E.P.Seligman）曾深入探究过这一现象，他发现超过一半的美国执业律师对生活不满意，而且这份不满意不是收入引发的。无疑，律师是美国最高薪的行业（超过医务行业），但他们的心理健康却最糟糕，抑郁症的发病率最高，离婚率、酗酒吸毒率也最高，为什么这个群体薪水最高，但他们却不幸福，也不健康？原因有三：一是悲观，二是责权失衡（责大权轻），三是非赢即输，难以双赢。这三点对于医务界也不无启示，初步研判，医护不幸福感受的背后也涉及三个因素：一是职业幸福的参照体系在不断变化，尤其是许多新兴获利行业的诞生，参照谱系也在不断增加，对标高获益职业的比较意识常常催生出得不偿失（付出太多，获得太少）的印象，各种抱怨便油然而生，并蔓延开来。二是职业幸福的价值锚定在松动，当初为什么学医，为何坚持行医？初心与信念褪色了。医学、医生的利他价值本质决定了他们不该也不曾把自身的福祉排在第一位，而应该排在患者、社会大众健康生存、疗愈获益之后，这样的价值排序与信念坚守是拒绝诱惑、平衡内心波澜的镇尺。如今，在一些人的内心深处，这个初心淡忘了，价值之锚漂移了，就会很自然地怀疑自己的职业良知与价值选择，滑入利己主义、功利主义的泥沼而不拔。三是部分社会成员、大众媒体对医者职业奉献价值的漠视甚至贬低，他们戴着利己主义的有色眼镜看待医者的职业付出，对于他们的无私奉献不仅不给予善意回报、正面褒扬，甚至还刻意贬低、尖酸嘲讽，于是严重挫伤了医者职业幸福感的自我认同。因此，除了在物质、精神层面推进职业幸福工程之外，还要进行社会土壤的改良，真正培育全社会尊医重卫的良好风尚，同时在医院文化建设中，花气力切实巩固漂浮在医患之间“陌生亲密关系”之上的、摇晃的“关怀–感恩”互动促进机制。深究职业幸福的价值内涵，可以从以下三个方面展开论述与解读。

第一节　职业幸福的精神积淀

一、奥斯勒命题中的职业幸福解读

近代临床医学大师威廉·奥斯勒（William Osler）不仅建构了临床医学的理论与实践模式，还开启了职业价值的全新认知与理解，成为职业伦理的标杆，他的职业使命感催生出职业幸福的全新解读，他的职业品质修炼观点也给职业幸福打开一道生命的甘泉，并开掘出一条通往职业幸福的羊肠小道。在奥斯勒看来，职业修为（修养、修炼）与职业幸福互为因果，有怎样的修为，就有怎样的职业幸福；相反，职业幸福有多浓烈，职业修为就有多自觉。

首先，医学的职业幸福建立在特别的职业诉求上，自希波克拉底伊始，医学就非只是谋生之术，而是危难中救死扶伤的疗愈之术，本不是养家糊口的生计之选，而是一份承担着人类健康守护的使命之选。因此，在奥斯勒的医学人文演讲中，他多次强调“医学是神圣使命，而非商业、生意”。因此，它的快感超越利害得失，表达出高下清浊的价值内涵，是一份身心俱悦的体验，究其根本，医学的职业幸福是一份心灵收获，是精神愉悦。其次，从医学史角度看，医院最初是慈善救济所，敬畏、悲悯之心，温暖、关怀之情构成医院的空间意识与场所精神，尤其要拯救贫病交加的患者、弱者，扶贫济困才是医者的价值之基、愉悦之源。

在奥斯勒看来，职业的使命抵达只是医学职业幸福的内容之一，职业幸福的要义是过程快感，即对生命、疾病、健康不确定性的驾驭，诊疗过程、康复过程艺术化的抒写。奥斯勒命题（医学是不确定的科学与可能性的艺术）是对医生职业幸福的终极激发，疾病在科学认知上时时处处都有盲点：存在着永恒的不确定性，但凡科学的内容大多是确定的，不确定性实际上是稀释医学的科学性，它不是纯粹的科学。生命无常，疾病的可能性、复杂性、多样性，诊疗技术的艺术性、个性，患者的主体性、精神性，这一切都在对冲着医学的客观性，影响着疗愈与康复的转归。医学是手艺，技艺有美感，每一次治疗、每一台手术都是唯一，其骨子里渗透出一份难以言说的艺术感，也在对冲、稀释、软化医学的科学性、齐一性、标准化，好医生都希望在科学性与艺术性之间保持张力。构成了医者的双重职业性格：科学家+艺术家，也获得了双重幸福的机会，既有科学技术成就的幸福感，也会有艺术（手艺）成就的幸福感。

人类跟疾病的周旋历经千年，“竞争（较量）、征服（成功）、加冕（愉悦）、狂欢（幸福）”的大戏不断上演，毋庸讳言，漫长的岁月里，人类每每被疾病所压倒，被死神扼住喉咙，因此，医学的每一次突破，都是疾病认知与控制的一次革命，都是历经艰辛的跋涉。人常道：宝剑锋从磨砺出，梅花香自苦寒来，当人类有了征服疾病的科学与技术利剑，闻到了健康生命的梅花清香之时，医生、医学、医院的成就感就会油然而生，职业幸福的暖流也就悄然地涌上心头。然而，奥斯勒又警示我们，今天的职业幸福并非终极幸福，医学的不确定性是永恒的，艺术性更是无所不在，旧的疾病被认识、控制了，患者疗愈、康复了，新的疾病或新的亚型又冒出来了，更可怕的是“技术进步，患者就医感受更差”的悖论出现了，技术不是唯一的良方，技术-人文双轨并进才是解决之道，医学事业就是不断砥砺奋进，不断追求成功并往复品尝职业幸福之果的生命历程。

奥斯勒在他的医学人文论述中特别提及医者职业幸福的禀赋命题。1889年，在告别宾夕法尼亚大学的演讲中，他首次提出医者和谐与幸福源自“宁静无波的心境”，所谓宁静，就是在任何情况下都保持冷静与专心，在暴风雨中保持平静，在重大的危急时刻保持清明的判断，是志若磐石，心如止水，宁静致远。在这里，宁静不是一张白纸，无欲无求，而是心中装着未来，装着更大、更高的职业价值追求，能放下眼前的利害得失，用更辽阔的心胸去包容、消化职业奋斗中的烦恼、苦难、挫折，甚至失败，对冲职业中的共情不能与职业耗竭。

在奥斯勒看来，我们为什么不幸福，是因为眼前屑小的浮云遮蔽了远方的天际线，要在临床生活中获得真正的职业幸福，就必须战胜职业交往中“冷漠、傲慢、贪婪”的心魔。1905年4月，奥斯勒在他对美国医学界的告别演说中将冷漠、无知、堕落视为医生职业生涯中的三大敌人，其中以冷漠为甚，是医者最危险的劣性，许多人即使可以告别无知，拒绝堕落，却无法走出冷漠，它伴随着技术的进阶似乎愈演愈烈，一直饱受道德上的严厉鞭挞。而在临床境遇中，医者必须冷静、淡定，有利于对病况与趋势作出敏锐的判断和驾驭，以医者特有的冷静、沉稳去平息患者与家属的躁动情绪，以忍耐、韧劲去闯荡未知的、充满不确定性的救治迷宫，但医者也必须告别冷漠与淡漠。

晚年的奥斯勒还洞悉自身的潜能边界，提出职业有涯，一定要知老而退，豁然地把事业的接力棒及时交付给中青年一代，不可永不言退，要从提携中青年成长中品味自我价值，从晚辈脱颖而出中体会职业幸福。

二、白求恩精神中的职业幸福解读

白求恩精神是现代医师职业精神中国化的经典呈现，白求恩在战火纷飞的中国抗战中积淀与升华了医学的职业境界，创造了职业纯粹与利他快感的中国模式。

案例讨论

【案例】1939年11月11日夜，白求恩身处危症中，仍以虚弱之躯给聂荣臻司令员写下最后一封信，信中特别提及："请告诉我远在美国与加拿大的同事，我在这里十分快乐，我唯一的希望就是能够多有贡献。""最近两年是我平生最愉快、最有意义的日子。"

【讨论】白求恩的援华岁月并不长，只有674天，却成为他49岁生命，23年职业生涯中最幸福的日子，这是为什么？只是因为他在中国战区做了他平生有限时间内数量最多、类型最丰富的手术（连续69小时完成115项战地救护手术）？在最简陋的环境中做了难度最大的手术？创立了模范医院，创办了战地军医学校？显然都不是，而是他的生命觉悟与职业觉醒。

白求恩曾遭逢重大的疾病，与死神擦身而过。1926年夏天，36岁的白求恩不幸染上了肺结核，随即住进了特鲁多疗养院，在特鲁多疗养院的日子里，他尝试用人工气胸控制，疗愈了自己的绝症，还在与死神的对视中明白了人生的真谛，幸福的真相，即是"向死而生，转身去爱、去奋斗"，白求恩援华对于职业幸福的角色内涵有了全新的解读。正是中国抗战的残酷性激发了他的利他情怀，这份利他情怀的中国实践又催生了白求恩精神的诞生。

毛泽东同志称颂白求恩是一个高尚的人，一个纯粹的人，一个有道德的人、一个脱离了低级趣味的人，一个有益于人民的人。其中，"一个纯粹的人"，这是对白求恩富有个性的刻画，贴近临床体验阐释了医者“纯粹”的内涵：一是神圣感，包含生命神圣、医学神圣、医者神圣；二是敬畏感，敬畏生命，敬畏疾病，敬畏生死；三是悲悯感，悲不仅是悲切、悲情，还是悲壮、悲怆，悯是悯惜、怜悯；四是使命感，使命召唤，使命必达，使命荣光；五是平衡感，在理想与现实、利他与利己之间保持张力。

白求恩精神的现代诠释包含着伦理推理路径的重新界定，那就是医者因纯粹而幸福，投身医学便为家，职业生涯中，秉持良善之心，不求即时回报，内心平衡，继而心安理得。在工作中、奉献中享受服务乐趣，提升服务技能，保持价值支撑感，一旦失去服务机会恰会滋生无聊、空虚感。

第二节　职业幸福与利他行为的内驱机制

一、医者利他行为的内驱机制

要真正解读透医者的职业幸福，首先必须清楚医者利他行为的内驱机制。戴维·斯隆·威尔逊（David Sloan Wilson）对利他主义有这样的界定：“利他主义是一种无私地为他人谋福利的行为，这种行为通常需要付出时间与精力，同时要承担一定的风险。”在人们的感受中，日常（平常）境遇的利他并不显山露水，但非常（危难）境遇中的利他则熠熠生辉，让人刮目相看，就分明是一种英雄主义壮举，其实，两者之间存在着价值观上的相连，没有日常境遇中的利他行为教养，也就不会有危急时刻的利他精神爆发，从利他意识萌生到利他情怀的养成，再到利他人格的锻造都需要阅历的熏陶。威尔逊还将利他分解为利他行为、利他感受与利他思维，勾勒出人类利他精神发育的逻辑递进关系。其一是利他快感的咀嚼，其二是利他快乐的发现，其三是利他幸福（利他主义的幸福观）的形成，最终是利他人格的铸造。在这里，快感在感官（本能）层面，快乐在心理层面，是一种积极的心态，幸福（体验）在精神层面，关涉到利他主义的价值观。利他人格（情怀）则表现为某种职业惯性与行为偏好，四个层面相互影响，互为促进。

马克思的观点认为，人是一切社会关系的总和，人必须在这样的社会关系之网中通过互惠机制来获得自身利益的最大化，于是，利他行为分化为三个层次：一是亲缘性利他（亲缘关系，约定回报），二是互惠性利他（有道德的利己，又包含直接互惠、间接互惠，如口碑、名誉回报），三是纯粹利他（无血缘关系，无期许回报），在各种医疗救助、救援中，医患之间，亲缘性利他机会不多，更多的是互惠性利他与纯粹利他。

利他作为一种内生偏好，许多文献指出，利他源自共情体验的咀嚼与升华，由此获得一份自我满足感（自爱）、分享感，继而产生一种拯救感，提升其社会适应度（亲社会人格），即不忍心别人受苦的恻隐之心、同理之心，一旦遭遇共情腐蚀，则会导致利他退缩。

在利他行为中，一定伴随着自我体验的咀嚼、评估，它是境遇伦理学的重要关注点，也是利己与利他行为抉择、人格塑造的扳机，此时此刻，一定存在着双向诱惑、双向解读、双向辩护的空间，究竟是快感，还是忧伤，是快乐，还是痛苦，是幸福，还是不幸，不同价值取向的个体有不同的诠释。

无疑，利他的职业精神需要多元价值支撑，国家荣誉、社会褒扬是重要的支撑，此次，对于医疗楷模的表彰凸显了这一激励效应，但外在化的利他激励总是短暂的、有限的，必须寻求内源性的激励，不断开掘利他快感、利他快乐、利他幸福的生成机制。内外合力，久久为功，才能培育良善的社会风尚。我们的确需要加大政府、民间、社会褒扬激励机制，加大加快奖励、荣誉、尊重、尊严体系的构建，在全社会形成“关怀–感恩”的循环加速机制。

二、利他人格与情怀的锻造

在亲缘性利他、互惠性利他与纯粹利他的三种境界中，前两种利他者都会赢得互惠，互惠让人快乐，在这个过程中，利他者享受服务乐趣，使其提升服务技能，同时感受到利人与利己的统一，利他将成为一种有道德的利己。培育利他互惠机制，关怀与感恩的互动机制，有利于和谐医患关系的缔结（受尊重，有口碑）。但纯粹利他者超然于互惠（回报）之上，因此，也最令人仰慕，利他者纯粹，纯粹就是回报，持良善（纯粹）之心，不求即时回报，其内心平衡，继而心安理得。此时，利他者蓦然感悟人生的意义，正是这一份职业生命的意义让人快乐，当然，在医疗救助中，利他者见证痛苦与死亡，如同见苦知福、救苦增福的人生哲学，超越痛苦、豁达生死的觉悟让人获得终极快乐。这份终极快乐也被称之为精神拔节，即精神性的升华，它更多地与个人的内在追求和信仰有关，是对人生终极意义的答案、超越体验的追寻。它是一种信念召唤，是一个信仰和态度体系，它洞悉人与自然、人与社会的关系，赋予生活以新的目的和意义。它也是个体对于内在和外在整合感、联通感（神圣、卓越、巅峰）的体验，品味爱与意志的伟力。它还是一种内在的力量（内驱力），是自我超越的潜在能力，通过这份能力，个体可以参与到比自身存在更有意义的事业之中。

情感现象学家马克斯·舍勒（Max Scheler）探究了人的一生所能企及的生命位序与精神位格，由此来揭示生命价值的腾跃高度，如何从小快乐到大快活，从互惠利他到纯粹利他，继而从执业快感、快乐到职业幸福。舍勒的人生金字塔分为四个层级：第一层级是感官价值（欲望，类植物性、动物性快感）；第二层级是功利算计（是非、得失，商业理智，财务自由）；第三层级是崇高感的体验（高下、荣辱，清浊，心智性，精神性享乐）；最高层级是神圣感的沉浸、笼罩（心流，精神快乐）。许多人终其一生只迈上第二台阶，偶尔感受到第三层级，只有心地良善、纯粹的人能够迈上第四台阶，成就人生的巅峰体验。很显然，舍勒给我们的引领是拒绝物化、异化，更关注人的本质、人的宇宙位置，人的价值所在。医者的纯粹利他行为，而非亲缘性利他、互惠性利他恰恰是精神位格脱颖而出的价值阶梯。我们的抗疫英雄就是这样一批能够跃上人性巅峰的群体。

第三节　职业幸福与心流效应

对于职业幸福的研究，积极心理学给予了特别的关注。积极心理学有几大模块：一是研究积极心理的情绪表达，二是研究积极心理的特征，三是研究积极心理的组织系统，四是研究积极心理的效应，其中心流效应（沉浸效应）成为关注的焦点，因为它回应了幸福感无法捉摸（测评），难以持续的理论与体验质疑，而正在积极推进的医院新文化建设任务，就是要让更多的医者通过医疗服务汲取积极心理体验，能够享受奉献，享受成长，学会担当，同时，帮助医者发掘更多的职业神圣感、庄严感、荣耀感。

著名心理学家米哈里·契克森米哈赖（Mihaly Csikszentmihalyi）凭借对幸福、创造力的研究和畅销书《福流》（*Flow*）而闻名。其中心流/福流效应的提出，揭示了利他时刻从快感到快乐的心理密码，也解释了职业技能养成与职业幸福的内在关系，彰显人生追求中从满意到惬意、从愉快到愉悦、从渴望成功到享受过程的快乐原理。

在契克森米哈赖看来，工作（job）是体验心流的上佳场所，而职业（career）是心流的肥沃土壤，事业（calling）则是心流奔腾的源头活水。对于这一点，事业心满满的医护人员体会深刻，他们透过一台台手术，一次次急救，悉心捕捉到医护心流效应的若干征象：其一，目标旨向明确且单一（纯粹，只有救人）；其二，项目具有挑战性（不好救）；其三，高度自信，对结果有完美期许（我一定能救活患者）；其四，完成项目需要高难度的技术（技艺超凡）；其五，全身心地投入，注意力高度集中（全无杂念）；其六，过程中有驾驭感（控制欲得到充分满足）；其七，干预行为有即时反馈（病情随医疗干预而逆转）；其八，境遇神圣，被带入一种忘我（无私）境界，时间凝固，偶得最优体验。这一进程如同徒手攀岩者的心流感受：痛并快乐着。他们越往上爬，就越感觉到愈加完美的自我控制，产生一种痛快的感觉，不断逼迫身体发挥所有的潜能，以达极致，直到全身隐隐作痛；然后满怀敬畏地回望自己攀过的岩壁，回味自己的艰辛与超越，一种强烈的征服感油然而生，一股暖流在心中奔涌，一种狂喜在荡漾，妙不可言。既然这一绝壁可以征服，其他挑战也将不在话下。此时此刻，利他的快感通常不是作为目标而浮现在人们的追求面前，而表现为目标既达的某种附带现象。

神经生物学的长足发展，逐步揭开了利他行为的神经网络机制，有研究表明，利他行为的产生与强化需要共情网络、情绪调节网络，以及奖赏网络的共同参与。首先，苦难叙事增强利他者对他人不幸的共情反应，从而提升共情动机，激发利他行为；其次，苦难叙事促进利他者情绪的有效调控，过度分享他人的消极情绪会导致个人痛苦，从而阻碍利他行为的产生，因此，情绪调节在利他行为的产生过程中显得十分重要；再次，苦难叙事提高利他者的亲社会动机，面对他人的痛苦遭遇，苦难叙事可以激活脑内的奖赏网络，有助于促进利他者帮助他人脱离痛苦，获得内心温暖和满足的期待，激发其亲社会动机，继而产生利他行为。

此外，心流效应下的身心境遇研究还帮助人们厘清一些偏见，如专注于某一事业，倾心投入某一项活动，一定很苦很累。其实不然，专注的人因为关闭了其他信息通道，摒弃了杂念，反而更轻松，更有机会获得过程乐趣，这个过程就是“自得其乐”。还有些人认为从事挑战性的工作通常压力很大，可能会导致精神崩溃。恰恰相反，不具挑战的重复性工作常常会使人产生厌倦感，迷失人生的意义，不断挑战，才能超越自我，获得新生的感受。

第四节　职业幸福的叙事赋能

21世纪管理学的一个新趋势是理论建构与叙事赋能的统一，俗称“讲道理”与“讲故事”的融合，在公众关注的重大医疗救助事件（如抗疫、救灾、医疗扶贫）中，媒体叙事与医护临床叙事（平行病历）、陪伴手记、日记里都诉说了利他快乐的心情，有许多“虽累犹乐，虽苦犹甜”的故事，尤其是故事主人公们的心灵独白：虽苦犹乐，甘之如饴。自然灾害，疫情袭来，都需要医护迎难而上，这是医者之幸事，是医者之担当。抗战时期，白求恩连续奋战69小时完成115项战地救护手术的故事就是职业幸福的绝佳叙事，它是外科奇迹，也是职业巅峰体验，其中不乏心流效应。

21世纪初兴起的叙事医学丰富了临床医生的精神生活，重新标定了价值基线，开辟了一条通过叙事抵达医学认知的新路径。不过，一般人对叙事医学存在误解，只看到患者疾苦叙事，渴望共情的一面，其实还有医者疗愈叙事、利他快乐的另一面，无疑，叙事是人类基本的生存方式和表达方式，叙事取向重视人的情感、体验和主观诠释，叙事的世界是一个极富人文关怀和情感魅力的领域。叙事内容再现叙事者的世界观（疾苦观、生死观、医疗观），是叙事者信念、思想、意图所建构的另一种真实。直指心灵、情感、意志，是苦难的救赎，因而才能唤起一份基于医者精神发育的职业幸福。

叙事医学创始人丽塔·卡伦（Rita Charon）这样定义叙事医学：叙事医学在于建构临床医生的“叙事能力”（具备叙事能力的医生开展的诊疗活动即符合“叙事医学”的范式），它是一种“吸收、解释、回应故事和其他人类困境的能力”，这种能力“有助于临床医生在医疗活动中提升对患者的共情能力、职业精神、亲和力（信任关系）和自我行为的反思”。她特别提及职业精神、信任关系、自我反思，这三点直接导向医者的精神发育与职业幸福。从发展的叙事医学的角度考量，复调叙事模式将丰富叙事医学的经典内涵，好的叙事案例里不仅要有患者的疾苦叙事（苦难–尊严），也要有医护的救疗叙事（疗愈–照护，共情–反思，奉献–快乐），还有科室–医院叙事（温度–醇度–场所精神），形塑医院的“精气神”，这对于当下的医院新文化建设也是一次有益的尝试。

临床上，“换位思考（同理心）”是叙事医学追求的共情体验，但要讲好医患共情的故事，最好的素材是“疗亲”与“自疗”的医生叙事，医生也是人，也会生病，也会生大病，当医者脱掉白大褂，换上病号服的那一刻，当自己的至爱亲朋来到诊室，躺在手术台上，医者的心灵觉悟之旅就会自动开启。尤其是医生从身披白大褂到身着病号服的转换，就是医患间同舟共济、同病相怜、感同身受的“内感受”萌生之时，此时，医生成为患者（医生患者），他既是疾苦的体验者，又是疾病的观察者，既是病患的担当者，又是治疗的运筹者，既是蒙难者，又是拯救者，既是同情者，又是被同情者。这份特别的“一体”同情取代了平时里的“异体”同情（共情，移情）。此时，以患者为中心就是以自我为中心。敬悉患者就是敬悉自己，伤害患者就是伤害自己。躺在病床上，神圣、纯粹、悲悯情怀（职业精神）的呼唤更加强烈，见苦知福、救苦增福的生命觉悟更加澄澈。等到疾病康复的那一天，一位“纯粹、高尚”的职业新生命便横空出世。这个过程便是个体的心理赋能、精神涅槃，这个故事的复述与流传对于医学界而言便是一次叙事赋能的机遇。

叙事创新还应该流淌在医者职业幸福的人物心理活动的复述之中，素材朴中见奇，故事生动、灵动，鲜活、真实，形象、感人，支撑其行为的职业信念激励人，鼓舞人，有亲和力，语言有美感、韵致，背后蕴涵着生命境界的提升，精神意向的开合，人性的温度，人格的绽放。充分展现信仰的力量，揭示精神发育的路径。叙事创新不仅要为良医树碑、立传，入手记，还要充分运用新媒体方式，如微视频（微电影）、微报道、微评论、微互动、微对话，实现观感性与精神性统一。

医护职业幸福的叙事要力避“过犹不及”的陷阱。在当下，一些楷模的行医故事不是叙事赋能，而是叙事积怨，这类叙事不在“晒”利他快乐，而在“晾”心理冲突，不是比幸福感，而是比惨、比累、比苦，这种局面应该改变，要着力展现他们人格的强大与阳光，执业的快乐与幸福，这样的楷模人物才既可敬又可学。其次，传统的典型人物跳不出高大全的模式，多为传统劳模的吃苦耐劳型，或不爱思考的盲目顺从型，模式化、脸谱化，缺乏类型突破，且楷模人物年龄普遍偏大，中青年面孔不足，可敬不可爱，可敬不可学，缺少有魅力、接地气、平民化的身边典型。而且楷模人物的生命境遇大多不佳（极度清贫，或病魔缠身）。造成凡奉献必清苦，凡做楷模必然受穷、必遭厄运的印象。未能展现楷模人物高尚人格与蓬勃生命力、优雅人生统一的特征。此外，楷模人物培育与宣传中精神发育的开掘不够，使得学习、消化、吸收进程难以深入、透彻。留在人们心中的还是千锤百炼的老典型、老故事，这一局面也亟待改变。

本章小结

职业幸福是医院文化的核心要义，也是医院文化建设的基本主题，如何破解职业幸福的悖论，切实提升医护的职业幸福感是衡量管理层领导力的硬指标，本章旨在帮助学员从大师与楷模的知与行方面认识职业幸福的精神积淀，继而深入探究利他快感的内在机制和心流效应，最后从叙事医学的角度开启职业幸福的叙事赋能通道，丰富医院文化的价值内涵。

（王一方　张瑞宏）

参考文献

[1] 马丁·塞利格曼.真实的幸福[M].洪兰，译.北京：北方联合出版传媒集团·万卷出版公司，2010.

[2] 戴维·斯隆·威尔逊.利他之心：善意的演化与力量[M].齐鹏，译.北京：机械工业出版社，2017.

[3] 米哈里·契克森米哈赖.心流[M].张定绮，译.北京：中信出版社，2009.

第六章　科室文化的积淀与优化

学习目标

1. 了解　科室文化建设的基本内涵；科风培育的基本流程。
2. 熟悉　科室文化与学科建设之间的互动关系。
3. 洞悉　科室文化建设与学科人才成长的加速机制。

在当代临床医学的职业化进程中，科室文化建设无疑是十分重要的一环，它既是一种共同体理念，也是一种协同精进的机制，还是一种和谐向善的氛围。从管理层级上看，它有别于医院的组织文化建设，是更为微观、更为基层的组织文化细胞，但它却支撑着医院文化的良性拓展，也是整个医疗文化优化、净化的基石，决定着一所医院的服务品质与核心竞争力。

对于医院文化建设而言，科室管理究竟是管事，还是管事业？是管人，还是育人？科室文化建设究竟是聚焦于学科建设，还是技术突进之余不忘精神升华、道德净化？如何培育“德艺双馨、医患和谐”的标杆科室？如何整顿“技术领先、廉政塌方、医患关系亮红灯”的问题科室？这其中存在诸多需要认真思考与解决的问题，都需要从理论与实践层面予以探究。

第一节　科室文化与科风培育

科室具有承上启下的管理枢纽地位，无论是临床科室，还是职能科室，都是复合组织，首先是医院内设的一级科层，它既是经济组织，又是经营组织，既是学术共同体，也是价值共同体，一般说来，临床科室凝聚有四条纽带：其一，是行政纽带，作为社会管理科层制的一级机构与组织，承上启下，进行上级指令的传达或科室指令的发布，规章制度的贯彻与落实。类同于机关的组织文化特征，讲究顺应与服从，注重等级与资历。其二，是经济纽带，包括指标细分与效益考核，工资评级及奖金的二次分配，协商与决断。现代经营理论认定科室具有“阿米巴”组织的特征，是经营活力的内生动力，注重创收与精细管理，有助于整个大系统经营目标的达成，所以优势科室、明星科室都是医院的创收大户，但要把握好名与利、清与浊的“度”，如果过于强化利益共同体的文化，容易培育锱铢必较之心，蚕食患者利益，导致医院品牌失血。其三，是学术纽带，注重知识生产、学术积累与职称评定，课题共同研究，培育合作精神与精进意识，类同于学院式管理，注重学术氛围与成果创生，这一纽带是学科建设、学术精进的基础，它的强化有助于培育医院文化内部的双核驱动，实现学术声望提升与经济利益聚合的良性互动；其四，是精神纽带，它是技术与人文双轨并进机制的内生动力，具体体现在科风的道德内化方面，譬如注重使命感召与人格发育，强化科室场所精神的铸造，突出科主任、护士长人格魅力的展示，着力于团队合力与创造力的凸显以及科室凝聚力的呈现，尤其是追求科室精神海拔的提升、员工心灵的觉悟与澄澈。

就科室文化建设的现状而言，普遍存在着知行不一的情形，职业神圣感、使命感的高频呼唤与行为导入乏力，道德戒律高悬与道德基石松软、失范的剪刀差问题，突出表现为技术精进的科室氛围浓厚，而精神感召（价值领航，典范引路）的杠杆效应不足，目前，一些科室缺乏润物细无声的内化机制，行为自律（道德内省-规训）的张力不足，隐性修养缺位。比较注重制度规范（责罚杠杆），但过分强调规则，管理过于刚性，常常缺乏人情味。科室管理也十分重视物质激励（奖金杠杆），然而过分强调则流于物欲化，缺少精神动力。

无疑，科室文化在医院文化建设中的枢纽地位越来越彰显，加之许多院领导有长期的科主任岗位的管理经验，因此，一些有眼光的医院管理者总是自觉地将科风与院风、作风统筹起来思考，一些医院甚至将“科风”建设作为医院管理年的主题词加以细化，在一些医院的管理内训中也特别强调“科主任执行力”的拓展，开启了对科主任、护士长的管理技能提升计划，这是一项富有后劲的管理布局。然而，在一些医院，也存在技术与管理、技术与人文两张皮、两台戏的困惑。一些院领导认为科室管理是专家型管理，技术是金线、是主线，管理是银线、次线，人文只是铜线、隐线，有意无意地忽视科室管理细化、人文内化的价值。只有等到出现管理危机时再出手整顿，这种被动局面似乎并不罕见，譬如，某高等级综合医院的重点科室触犯医疗安全红线，发生严重的院内感染事故，并伴随护理事故频发，经上级医疗主管部门出重手整治，处罚达到“等级医院”摘牌的地步，教训十分深刻。直到医院品牌面临触底反弹之时，才意识到问题不仅仅出在技术探索出偏、专家水准下滑、医院规章制度不健全，科主任、护士长程序性督查缺失上，更在于一段时期内科室职业价值迷乱，源自个别医护主体道德失范，责任意识疲软（招功揽过，逐利卸责），医医、医护之间相互猜忌，利益相关方感受到利益输送有落差，导致情感隔膜（以邻为壑）；科内交互提醒、协同补台机制几乎归零，甚至期盼他人出错受罚，结果酿成重大事故，危及医院品牌，教训十分深刻。整改过程中，无论医院管理层，还是涉事科室、事故当事人都意识到科风对院风的支撑作用，对医护个体的约束效应十分关键。

一个科室也存在着短板与底板的互动关系问题，科室管理工作的基本思路在于发现问题，补齐短板，工作“短板”好补，价值“底板”难填，这里的“底板”是科室的价值认同是否趋同，也就是说科风与“价值共同体”的培育、修炼息息相关，与每一位员工的“三观（价值观、人生观、世界观）”交相辉映。在第四章中，专门论述了医者职业愿景与职业修为之间的关系，为什么学医？为什么做医生（护士）？怎样做医生（护士）？做一个怎样的医生（护士）？似乎没有人当面追问过自己，却在夜深人静时发出心灵叩问，李清照词句中的“生当作人杰，死亦为鬼雄”（生也辉煌，死也壮丽），文天祥心心念念的“丹心照汗青”（嵌入历史，化作永恒），都告诉我们人生短暂，职业生涯也很短暂，唯有“出彩”，才不愧对人生，书写好自己的职业篇章。如果这一份关乎职业信仰的灵魂追问成为一种深入人心的科室文化，演化为科主任、护士长在科内聚会上不断倡导的价值主题，则有利于廓清科内的各种是非、功利的日常纷扰，保持强大的正能量，树立纯洁、正派的科风。在一些有着深厚历史传承的科室里，还流传着一些未曾明令的科训与箴言，背后都是某一位先辈的亲身教训，因为临床医学存在着非常大的不确定性，仅凭热情和同情心是无法驾驭的，需要十分谨慎，时刻保持清醒的头脑。

诚然，科风的锻造与学科历史的传承不可分割，鉴于当下学科分化日益细化，传统的内外妇儿大科室早已不复存在，许多临床科室的历史渊源都不厚实，需要发掘历史叙事，总结出科室文化的精髓与密码，尤其要讲好大师精神传承的“学科遗产”故事，譬如，在协和医院，由张孝骞院士当年首倡的“内科大查房”制度并没有随着学科分化而消失，而是作为科间协同的新制度大力弘扬，张孝骞在临床工作中“如履薄冰，如临深渊”的敬畏、谦卑品格成为各个科室的科训，由林巧稚开启的关爱文化、患者至上理念至今仍是协和妇产科的金科玉律，这些优秀的学科品质的凝练都不是苍白的话语，而是一系列真挚感人的故事，如林巧稚甘冒风险帮助三代单传的子宫肌瘤患者产下健康宝宝，在考核时将学生临床接诊中是否关注产妇“额头上豆大的汗珠”列入共情的指标……这些温暖的故事不说教，诉真情，激励着一代一代协和人在各个临床科室大放光彩。

人常说“科室文化就是科主任的文化”，他（她）的职业价值、他（她）的眼光与胸襟，他（她）的人格风范感召着科里的每一位同事，温暖着每一位患者与家属。所以，是张孝骞缔造了协和的内科文化，是林巧稚塑造了协和的妇科文化。无疑，科主任既是科内日常事务的仲裁者，临床一线的运筹者、指挥者，疑难病例的诊疗者，危急时打硬仗的技术内核，又是科内的价值引领者，职业精神的支撑，不能只顾“埋头拉车”，而忽视“抬头望路”，好的医院文化应该将管理重心下沉，培养科主任的价值管理能力，在党建引领的驱动下，打造一支“德艺双馨”的科主任队伍。

众所周知，中国革命的成功在于建立了一支由弱到强的人民军队，其战斗力不衰的密码是“支部建在连上”，同样，医院文化建设，魂魄在科室。如何将党建优势真正跟科室文化优化融合起来，许多医院都在积极探索，譬如，由党员科主任兼任支部书记，实行一岗双责，统筹党务（廉政）、行政、技术管理工作，使之相互交集、协同、促进。也有一些医院划小支部单元，配齐配强支部书记，或在较大的科室实行“双首长制”，管理各有侧重，着力于齐抓共管、协同互补，走出单一技术主义的偏狭思维，共同承担科室文化建设的使命。

第二节　科室文化与学科建设

当前，医院高质量发展议题成为现代医院管理的主旋律，真正要落到实处，就是要谋求临床学科的高品质建设，学科建设成为重中之重，细细考量，作为内涵建设与软环境适配的科室文化显得尤为关键，一个学科建设的高下、成败，除了技术优势之外，还要看有无厚德载物、干事创业的科室文化土壤，有无正直、协作、包容、纠错的科风，这两条对于学科建设至关重要。因此，在重点学科的学科发展战略（立体）运筹、确立与扶持过程中，必须考核其科室文化的治理哲学与制度基础，还要思考通过怎样的谋略来提升科室文化的品质。

人常说，创业难，守业更难，学科建设也是如此，对于那些拔地而起的现代化新医院，品牌、技术、人才起点较低的科室如何脱颖而出，如何弯道超车？对于那些百年“老店”，声誉、品牌积淀深厚的优势科室如何宝刀不老、基业长青？其中都面临着竞争战略与竞争优势的运筹，在迈克尔·波特（Michael Porter）的竞争优势理论中，文化优势与技术优势是等量齐观的两个翅膀。但是，许多管理人对此存在着种种迷失，有人信奉“重金之下，必有凤凰来栖”“只要肯花钱，必能砸出一个重点科室来”，也有人坚信“技术领先才是硬道理”“一招鲜，吃遍天”“一棵大树（领军人才），处处阴凉”，于是漠视或迟滞科室文化建设的布局与优化，结果却是差强人意。花钱固然能建大楼，买先进设备，抢人才，引入项目，但文化土壤贫瘠（缺乏关爱文化），医患关系不和谐，医院、科室口碑都难以提升，一些地方就曾出现人才“大（快）进大（快）出”的尴尬局面，没有梧桐树，凤凰怎栖居，不是价值温差、水土不服，就是心猿意马、拂袖而去，上马的项目也可能半途而夭，甚至陷入利益分配不明不白、利益输送不清不楚、是非荣辱纠缠不清的人际泥沼。

一个科室要在激烈竞争中出彩与出位，成为国家或区域医疗中心、同行翘楚，拼的是竞争优势，其核心要件是重点科室的技术实力与持久创新力，而非固有资源的存量，在谋略上，讲究出奇兵，田忌赛马有所折损，却是一个奇兵取胜的成功范例，细心考察其文化境遇，必须把握好两个关键点。

其一，把握好创新文化与敬畏生命的张力，处理好技术领先与伦理约束的关系。好的科室提倡拼搏，敢闯敢干，勇闯天涯，努力开展新项目，引进新技术，探索新秘境，追求变革，鼓励拔尖，但“闯”有“边界”，“突破”有“禁区”，不可违背基本的医疗伦理原则（有益、无害、自主、公正），同时，新技术伴随着高风险、高消耗，需要权衡利弊得失，决定进退收放，而非一味冒进，并非“应然（可能性）”，就是“必然（必然性）”。发展新技术、新项目，一定要严守科研伦理与医疗伦理，不莽撞，不妄为，守住原则、底线，不闯红灯，不越雷池。因此，好的科室文化，不仅要有逢山开路，遇水架桥的“拓荒”与“加速”机制，也应该具备坚守、平衡、回旋的“三思”与“减速”机制。胆大又心细，深谋而远虑。

其二，努力在科室里培育技术、人文双轨并进，智慧、德慧比翼齐飞的文化机制。明白仅有技术是不够的，人文也是技术，如果一个科室，只占据了技术制高点，而失守了道德制高点，则是这个科室发展的大忌。尤其是在医患关系日益复杂的网络舆情中行走，星星点点的负面舆情都可能被新媒体传播而放大，成为品牌危机的导火线，而积累善意，培植关怀，需要长期不懈的艰辛努力，没有捷径可走。因此，学科建设不是单一的技术工程，而是技术人文并进的复合工程，绝不可顾此失彼，功亏一篑。

毋庸讳言，科风正派是科室文化建设的核心内容，其途径是科内民主与对话机制的建立，科内气氛要宽松，上下级、同事间对话无障碍。既要百花齐放，又要等级有序，既要人皆敢言，百家争鸣，又要求科主任虚怀若谷，协商拿捏，一锤定音。要致力于建立对于科内工作的检讨、务虚平台，无论做人做事，都求真务实，鄙视虚假，强化荣辱与共的共同体意识，发展纯洁、磊落的同僚情谊。对于医疗安全隐患，廉政问题苗头，尤其需要直言不讳的“逆耳忠言”，需要及时听到理性的、积极的、建设性的科内批评。在日常医务生活中，服务也罢，技术也罢，医德也罢，都需要有人出来“挑刺”与“警示”，逐步培育出激浊扬清的反思精神，敢于反面敷粉，反弹琵琶，自我革命，要建立一套“严于律己、宽以待人”“对事不对人”“既明辨是非，又不伤和气”的批评文化；弘扬“心中时刻装着患者”，先人后己、克己奉公的奉献文化；培育

"精益求精""新益求新"的精进文化；倡导光明磊落、防微杜渐的廉洁自爱文化；真正做到"不忘初心，牢记使命"，把"敬佑生命、救死扶伤、甘于奉献、大爱无疆"的新时期职业精神落实到临床服务的细节之中。

毫无疑问，医疗工作是一项高节奏、高负荷、高风险、高强度的技术拼搏，暗耗精力的人文抚慰，不仅医护躯体过度劳作，心理负担也很沉重，容易产生共情耗竭与职业倦怠，也增加了医疗差错的概率。医护不是铁人，他们也需要人文关怀，包括心理疏解，情绪宣泄，尤其需要建立一套张弛有道的工作流程，对于连轴转的岗位和个体，要实行强制休息制度，减少因疲劳上岗带来的医疗差错、失误。在科室平台尽可能多地安排放松身心的休息空间（咖啡吧、茶室）和节目（按摩椅、音乐吧）。根据积极心理学原理，艺术化的工作境遇有利于调整工作节奏，舒缓疲劳，因此，科室工作环境可以进行一些艺术化的改造，增加绿植、绘画、书法、音乐作品，营造温馨、温婉、怡情、怡心的办公场所。

第三节　科室文化与人才成长

医学是专门之学，术业有专攻，人才成长有规律。就医疗人才成长的规律看，第一摇篮在科室，如果说医院文化建设是人才成长的大环境，科室文化建设则是人才冒尖的小温床，著名医学家吴英恺教授对于医学人才的成长规律有着深刻的认识，基本流程是三年（住院医师），三年（主治医师），又三年（副主任医师），这只是职业训练的常规路径，真正要成为名家大师，还要经历十到十五年的漫长历练，如何在这个漫长的过程中保持初心永驻、昂扬向善的职业意志，精益求精、谦虚谨慎的优良学风，共情反思、协同共进的人文素养，师长的悉心栽培、同行的热情扶助都必不可少，而与肥沃的科室文化土壤更是密不可分，科室文化对于人才成长具有显著的加速机制。

临床科室也罢，行政科室也罢，都有"塔"与"园"两种氛围、两种体验，前者是一座"白色巨塔"，要突进到塔尖，唯有超越，科室里弥漫着时时较劲、处处比拼的激烈竞争气氛，一事当前，不分享，总提防，好赌气，不合作，在这座"白色巨塔"里，一旦学术身份在科里卡位，就进入非胜即败、非升即走的竞争绞杀格局之中而不拔，这种残酷的排位制、淘汰制常常会扭曲心态，让科内人际关系紧绷，陷入严重的"内卷"，甚至发展成为"窝里斗"，这样的内耗格局不利于人才的健康成长，也违背了人才培育的基本规律，亟待有一种无形的文化力量予以舒缓、调适。另一种则是竞争与竞合相辅相成的“游园惊梦”，曲径通幽处，各有羊肠道，这里既有宽松的相互接纳、大胆探索的氛围，又有紧张、激越的境遇，拼搏、冲刺的心气，纠错、反思的胸襟，内部竞争中透出和合之气，相互欣赏，相互提携，共同迎击外部竞争。医疗活动从来就不是个人英雄主义的独角戏，而是接力赛、团体操，需要多人、多工种、多学科的合作攻关、集体担责，才有可能遇难成祥，挽危难于既倒，因此，一花独秀不是春天，万紫千红才是满园春色。

无疑，竞争与竞合，宽容与磨砺，是科室文化的两个侧面，缺一不可。过分强调竞争，忽视竞合，常常会让同行变成对手和冤家，不利于团结协作风范的培养；相反，在科内只讲竞合，淡化竞争，一团和气，则无法激发斗志，在社会（外部）竞争中失去锐气，也不利于团队整体水准的提升。要把握好这个度，关键在科主任与护士长的运筹帷幄，所谓“宽严皆误，攻心为上”，要切实加强科室人才队伍的运筹与分类指导，要在科内建立长跑与短跑，个人赛与团体赛，单人跑与接力跑，田径赛与艺术体操赛，比高低快慢与比特色的多元、多轨竞赛通道、选拔规则，根据每一个员工的成才背景、心理特点、工作偏好来设计个性化的培养方案、育才路径，真正做到人尽其才。

在自然界，每一朵花都有自己的香味，每一只鲜果都有自己的味道，但汇合在一起，就是一道旖旎的风景，一种兼容的生态，同样，每一个科室都是一个人才的生态林：有大树、有中树、有小树，各有风姿，各有价值，对此，长期担任协和妇产科主任的郎景和院士有一套著名的“三棵树”理论，用来比喻科内人才梯队的构成，大树是学术大师，他们是院士、学会主委，是科室品牌的象征，因为身份显赫，学术地位高，积累厚，资源丰厚，学术能级高，气场大，影响力宽广，他们是学术领航者，常常承担国家重大科研课题，领衔高精尖攻关项目，但不可能只手撑起一片天，必须调动全科的力量，依靠大家的智慧才能过关斩将，夺牌获奖，此时此刻，大树要为中树、小树遮风挡雨，所谓“大树底下好乘凉”，但也不能过分遮挡中树、小树的阳光雨露，妨碍他们的成长，自古“明月隐高树”，而今感叹“大树底下不长草”，出现人才断档或荒芜现象，身为大树的郎院士常常自省，自己的言行是否影响中青年的脱颖而出，妨碍他们出彩、出岫，于是，不断提醒自己要放下倨傲，主动为中青年医生搬梯子，搭舞台，充分授权（让利），实时指导，鼓励他们有所创新，尽情释放能量，而不是害怕他们出演，或者代替他们出场。长江后浪推前浪，这是历史规律，作为前浪，要有让道的胸怀。而作为“中树”的中年骨干，承前启后，既有责任为大师（“大树”）分担风雨，操心劳力，创造性地继承并发展师长的学术智慧，又要悉心提携青年医生（小树），为他们的成长排忧解难，中树之间，也有树藤缠绕与枝叶疏离的困境，需要有良好的心态，把握好争与让的关系。当然，年轻医生在“大树”（师长、大师）、“中树”（老师、骨干医师）面前，要有虔敬之心，追慕之心，志存高远，脚踏实地，克服浮躁，不畏艰辛，朝着师长铺就的台阶，一步一步攀登，登堂入室。久而久之，科室就不仅只是人才“高地”，而是人才“高原”，从高地到高原，绝非朝夕之功，而需恒久之力，要有耐力和韧劲，才能打造出一支“梦之队”，红杏出墙，傲视群伦。

当今时代，人才流动十分频繁，学成归来的海外学子也是纷至沓来，加盟团队。有的医院信奉“投食引鸟”，以优厚待遇招人、抢人，若只为“食饵”而来，必定“饵”尽“鸟”飞，空喜欢一场。更多的医院则坚持“筑巢引凤”，靠事业留人，若是大家都有共同的职业价值与学术理想的追求，则有可能长久谋事共事，几度创业，几多艰辛，也会棒打不散。大凡明星科室，会吸引各种人才前来加盟，学科人才构成日趋多元，于是，自主人才与引进人才容易形成掎角之势，有时甚至会生出嫌隙，互不服气，引进人才认为自己是伯乐千里挑一的“相马”成果，自主人才则以为自己是“那达慕赛马”，拔得头筹的天之骄子，科室文化对于两类人才的存在，都应该给予应有的重视、呵护，切不可厚此薄彼。一般来说，接纳外来人才需要气度，需要放下“先入为主”的傲慢，而尊重本土人才需要自信，需要摒弃“外来的和尚会念经”的偏见，为各路人才的才能释放提供公平发展的舞台，使之相互融合，共生共荣。

案例讨论

【案例】首都医科大学宣武医院的神经外科是一个精神共同体，有着共同的精神沐浴与精神发育。他们共享一种探索与发现、奉献与快乐的价值观，有着相同的职业价值认同，以及人道、利他、诚信的共识，他们将技术的共进、心灵的共感、灵魂的共振、精神的共鸣有机地结合起来，完成了共同价值的缔结。在这里，团队合力不断迸发，团队归属感与荣誉感、患难与共的担当时刻流淌，伦理生活与荣辱观齐同，职业反思力得到充分的培育，形成了集聚正能量，制止道德出血，填平灰色陷阱的高原效应，职场友谊也得以伸张，职业幸福不断奔涌。

首都医科大学宣武医院神经外科创造了科室医学人文的生态优化的若干新机制，主要有以下途径。

1. 医患沟通训练　通过死亡、致残病例的讨论会，结合某一临床主题、场景、专科特色进行高阶训练，完成医患交集的感知/感悟，结合生命关怀的理论、模式进行创新与评价，他们还对艰涩难懂的神经外科学术谱系进行系统的改造，用最朴实的比喻、最温暖的语气、最轻松的语境跟患者与家属讲清最疑难的病情，最凶险的预后。

2. 结缘叙事医学，发展共情能力　从共情的原理探讨到方法训练，从同情到共情、移情，从他者的痛苦到感同身受，完成临床认知的变轨、转型，见证疾苦，而非观察疾病，即共情的在场、陪伴。品味、认知患者的痛苦，一同感知，一同回应，一起穿越，一起咀嚼，一起超越。完成了叙事医学的习得与进阶，开启了医患共同决策实践模式与创新，帮助患者从无知之幕到知情同意、从信息分享到责任分担。他们每周或每月都要组织人文（伦理）病历书写与讨论会，书写了3000余篇平行病历与交换日志、陪伴手记。与病中的患者实现“共情”，同时不断地“反思”、优化医生的诊疗思维、实现职业自省，以这种开放的、自我省思的姿态来建构医生的精神生活。他们还通过巴林特小组、女神下午茶等形式来纾解职业压力，化解职业耗竭。

他们梳理了临床反思的思路与理路，创造了宣武医院神经外科的反思谱系：不炫耀自己既往的功勋，不“店大欺客”，设身处地为患者分析病情；不会只是为了免责而去交代风险，而是客观分析风险的可能，并做好各种预案去抵御风险；不会只跟患者罗列所有的风险，而不去分析风险的比例，告之采取哪些办法可以降低风险；不会只用生硬的态度和生涩的语言去诉说病情，而是会用通俗的比喻让患者听明白，理解清楚；不会只是简单地用文献数字、工作规范去处理问题，而是针对患者的个性实情做“私人订制”；不仅关心患者的生理与病理，还要关心患者的心情与社情，不让患者及家属心事重重，惊慌失措；不会只看片子和检验报告，而是看病更看人，重视患者的疾苦故事，重视物理检查发现的蛛丝马迹；不会只是凭感觉遵照指南向患者交代病情，而是把患者当亲人，入情入理展开诉说；不会只以自己的擅长疗法向患者推荐某一方案，而是患者需要什么疗法/医院/人就提供什么方案；不只是了解自己专业的诊疗内容，还了解相邻专业的知识与可能性。

3. 组织哲学小组的创举　为探究医学的本质，建构系统医学的体系，他们邀请顶级哲学家来院组织多学科研究团队，完成耦合、平衡、稳态等理论模型的建构，并用于临床案例的分析与解释，提升了神经外科技法的学术引领。

通过哲学思辨，他们的医生都自觉地意识到，要干预，不要干预主义，适度而不过度干预，不仅在躯体层面干预，还要在心理–社会交往–灵性层面干预，不仅要救助，还要拯救–救赎，接纳姑息妥协，顺应生命的自然归途。要技术，不要技术主义，手中有技术，也不滥用，有高新技术，依然保持对生命的敬畏。要科学，不要科学主义，科学不是万能的，接纳、探究临床中的不确定性、偶然性、艺术性。要规范，不要教条主义，追求个性化，适度讲规范，适时谋变通，因人应时因地制宜。要创新，不要猎奇主义，拒绝“新就是好，老就是朽”。

【讨论】通过本案例，你如何理解科室文化建设的内涵？

本章小结

本章首先讲述了医院中科室文化建设的核心意涵、中枢地位，以及与医院文化建设的互动关系，随后分项介绍了科室文化建设的基本任务、基本路径，论述了科室文化对医院高质量发展的促进作用，尤其是对学科建设的支撑效能，最后介绍了科室文化建设对各类人才成长的哺育机制。意在激励医院管理者重视科室文化建设，帮助科主任细化、优化科室文化建设。

（王一方　张秀花）

参考文献

[1] 郎景和.一个医生的故事［M］.北京：北京联合出版公司，2015.

[2] 孙晓飞.用心：神经外科医生沉思录［M］.北京：商务印书馆，2019.

[3] 朱九田.医院科室文化研究进展与展望［J］.医院管理论坛，2009（26）12：30-32.

[4] 许安庆.打造特色科室文化促进医院学科发展［J］.现代医药卫生，2012（28）7：1112-1113.

[5] 沈小卫.加强医院文化建设促进学科人才培养［J］.科技创新导报，2013：185-186.

第七章　场所精神与医院美育

学习目标

1. 熟悉　医院空间中场所精神的基本内涵。
2. 理解　医院美育的时代特点。
3. 领会　场所精神与医院美育的基本原则和融合方式。
4. 把握　当代医院场所精神与医院美育的拓展方向。

第一节　医院场所精神的构建

在一般人眼里，医院是一个庞大的建筑群，一组由门诊、病房、药房、医疗辅助检查检测设备、手术室、科研实验室、临床示范教室、物流、各类机房设备房和管理支持系统用房构成的建筑区块链。而从患者的角度来看，它更是一个特定的生命体验和情绪感知空间。这里，每天都在发生着形形色色的疾苦与疗愈，希望与失望的人文故事；它不仅是生命故事发生的场所，也是忧伤与抚慰的见证。

一、空间与医院空间

空间概念包含两层意思、三个向度。空，是被填充的虚空，间，是立体的围合。空间既是物化的，也是心理的，更是精神的。它不仅是记忆空间，也是想象空间，是情绪空间，是沉默空间，也是对话空间。

空间秩序有一定之规，爱德华·霍尔（Edward T. Hall）在《隐匿的尺度》（*The Hidden Dimension*，1990）中记录了这一尺度。其一是亲密距离，为0~0.45m，该距离常常是至亲之间亲密关系的表达，是释放温柔、爱抚的空间，医护闯入这个空间，听诊、触诊、手术、注射时与患者的距离都在0.45cm之内。其二是个人距离，为0.45~1.30m，为亲近的朋友与家庭成员间的交往距离，大部分的诊疗活动都进入这个空间。其三是社会距离，为1.30~3.75m，也是一般朋友、熟人、邻居的交往距离。其四是公共距离，大于3.75m，如聚会、演讲、课堂的距离。如果医护人员刻意保持这样的距离，一则无法进行诊疗保健活动，二来也无法体现医护的人文关怀，显得生疏。

公共空间的人类活动具有三个特点。一是必要/必然性：非来不可，希望进进出出，顺顺当当。二是自发性：没有人逼迫，也没有特定的指向性，由自我选择，逐步过渡到乐意选择。三是社会性：艺术性诠释/决定品位，环境组织原理是群体感受影响个体感受，个体感受汇成群体感受，无声胜有声（不可解读性，只可意会，不可言说），纷纷扰扰，熙熙攘攘，但舒舒服服，妥妥帖帖。

医院空间不同于一般的商业服务空间，它具有三大悖论，分别是公共空间-私密话题、陌生情境-亲密关系、素不相识-生命相托。无疑，保健医疗活动是必要性、自发性、社会性活动，但其环境接触强度很高。一般而言，人际交往的接触强度有一定的过渡期，由低到高，由泛泛之交到实质性交谈，由实质性交流到私密性交流，但医疗活动属于快速递进的高强度接触，常常在尚未建立信任之时就进入敏感话题的交谈。

医院空间及感受可细分为三：第一空间为直接服务患者的门诊诊室、药房、医技检查检验室、手术室、治疗室、康复训练室、重症监护室、分娩中心、住院部病房，这些均是医疗行为发生的场所，患者及家属在这里接触的大部分都是直接责任医护人员，这一空间更强调专业感、神圣感、责任感；第二空间为不直接服务于患者的其他区域，包括科研教培区域、信息中心、消毒供应中心、静脉配液中心、洗涤中心、营养配餐中心、图书阅览区、院史馆、各类会议培训等区域，这里接触的大部分是非责任医护人员，这一空间更强调协助与尊重、公平；第三空间为整个医院院区、保障区域（生活配套设施，停车场，散步步道与休闲区域），这里接触的大多是生活服务及管理人员，这一空间更突出友善、舒适与便利。而无论是第几空间，基调都是专业、友善、慈爱、尊重。

医院空间感受存在着正向“三度”与负面“三感”，正向三度（吸引）指生理舒适度、心理好感度、社会认可度。这些因素可以强化访问动机，甚至转化动机，就医有时因环境、食品等因素转为逛医。医院环境优雅，人际交往的界面和谐，看医生不是因为躯体疾痛的治疗，而是心理疾苦的咨询。负面三感（排斥）指陌生感（滋生逃避心理）、冷漠感（萌生放弃意识）、不安感（傲慢-贪婪），如果负面三感得不到缓解就会逐渐积累、升级。

医院空间还包括情绪空间。情绪空间中所蕴含的“心理力量”是人们面对各种情绪问题时产生的自我认知和调节能力，其根源则在于空间对情绪的作用力。建筑空间元素与情绪的相互作用，包括促进、刺激、应急、感染、疗愈等，是一种生理激活或情绪诱发反应。所以，在医院建筑空间中，建筑设计师不应该单纯从美学角度来衡量设计作品的存在感，而应具备心理学相关专业的基础素养，以便更好地掌握人的心理，打造积极、良好的疗愈性情绪空间。这是医学本身无法做到的，但辅助医学治疗工作却可发挥作用。

二、场所精神及其建构

“场所精神”概念出自于建筑理论家、建筑史学家诺伯格·舒尔兹（Norberg Schultz）《存在·空间·建筑》（*Existence*, *Space and Architecture*）一书。在他看来，场所精神首先是一个历史传承的空间意识。最早的场所精神是古罗马人的守护神赋予场所与人之间的特定关系，通过神圣、纯洁的境遇给人类一种富有生命力的提振。医院就是一个有别于家庭、社区，飘荡着守护神精神的特定空间。疾病会影响患者对于可见的认知，发热时会觉得墙在摇晃；体弱多病、深度衰老的人的空间只有卧室；重症监护室患者满目都是维生机器，还有报警的声音；对于骨折患者而言，周遭都是障碍，都是肢体训练，是很难逾越的距离与空间，一种禁锢感油然而生。对于健全人来说，这些体验可以共情，却无法替代。

场所精神的营造是立体的，即管理、治理、料理。对于日常事务和工作，要强化管理；对于惯性强大的陋习，如医院噪声，一要从基础建设时对建筑装饰吸音材料进行严格把关；二要在医院空间装饰布置时多考虑声音反射的影响因素；三要以霹雳手段治理，对于开阖有度的公共空间的环境细节，则需要用心料理。当代建筑家、雕塑家克里斯托弗·戴（Christopher Day）在其专著《灵魂的居所》（*Place of Soul*，1990）中深入阐发了“场所激发灵感，抚慰灵魂”“建筑空间只不过是为了改善和突出场所的意义”的观念。克里斯托弗·戴认为，建筑空间对人类、场所、意识乃至世界都会产生深远的影响，一方面是积极的，另一方面是消极的，建筑师必须具有强烈的责任感，去满足与场所共处的人类的个性化的需求，建筑空间不仅要为可视的美学风格负责，为外在感官性负责，也要为无形的但又可感知的“场所精神”负责。中国台湾建筑学家李清志所著《灵魂的场所》，把场所定位为孤独的场所，沉思的场所，信仰的场所，转场的场所，归零的场所，烛照心灵（灵然独照）的场所，和平的场所。使人联想到本雅明（W.B.S.Benjamin）著名的“灵氛境遇”，中国传统美学的说法则是“神与物游”。克里斯托弗·戴在书中叩问，是什么滋养着我们的精神？物化的空间？还是愉悦的心情？丰富的情感？答案是建筑空间应该满足人们心灵的渴求。

人改造环境，环境也在改造人，人与环境的对话与和谐是一件奢侈品，人在精心设计、修饰、改善环境，环境也在巧妙地规范、安排和丰富人们的生活。和谐的环境能够促进社会和人际关系的和谐。为此，我们一方面需要孕育和采撷能够给思想赋予道德力量的灵感，另一方面需要培养和磨炼对环境的理解能力。加拿大通感训练专家、“画音乐”创始人莉迪亚（Lydia）认为，空间具有情绪影响力，如空间的大小与分隔、空间中元素的色彩、空间的活动线等都与人的情绪存在直接关系。营造良好的环境对不良情绪有着极强的治愈效果，也可很好地修复整个身体的生理功能。医院的情感空间是一个密集的“能量场”，时刻释放能量并发挥作用力。医院公共空间通过“场所精神”多维立体的方式，多角度刺激人的大脑皮质，从而引发不同程度和不同类型的情感状态。因此，建构医院场所精神有效的方法和途径，就是将各个门类的艺术品融入医院的公共空间，再通过公共空间营造情绪空间。

在医院，转场是人生的突发际遇，由健康人转为急慢病患者，由普通患者转为危重症患者，由生向死，此时尤其需要躯体、心理、行为方面的关注与照护。场所精神是重要的背景支撑，旨在传达一份良善与关爱，由此建构一种强烈的信任关系，包括人与环境间的信任和医患之间的信任。医患之间存在三重信任：职业道德信任、人格信任与技术信任。场所精神发挥的作用是预先导入道德与人格信任，为技术信任奠定基础，为快速沟通预留了空间，使患者及家属能认同医者的紧张、忙碌、辛劳，接纳医者的快速处置，甚至原谅处置过程中的小差错、小失误，从而预先排除快速沟通中的冷漠、傲慢、贪婪、抱怨等隐患。以门诊为例，要经营好“初诊3分钟”，一张真诚的笑脸，一个关切的欠身，一道关爱的眼神，一个温暖的手势，一缕悲悯、慈爱的语气，三句有内容的问题。

梅奥诊所早期的管理者亨利·普拉默（Henry Plummer）博士，秉承的理念是设计最有利于医生给患者提供服务的场所，同时缔造一种“守护神”精神。在这里，病损的躯体得到治疗、照顾，失序的心理被眷顾、被恩宠，受伤的灵魂被垂怜、被救赎。

第二节　医院美育意识的培育

医院的场所精神与美育意识一体两面：前者偏向客体，后者偏向主体；前者可谓硬件，后者可谓软件；前者重在建构，后者重在培育。

一、美育及美育意识

美育问题是德国哲学家弗雷德里克·席勒（Frederick Schiller）在其《美育书简》（*On the Aesthetic Education of Man*）中提出的，主旨在于论证人要获得自由，不是通过政治或经济革命，而只能依赖审美教育实现精神解放。席勒之后的西方思想主流，无论是马克思主义或意志主义，其共同目标是把人从工具化、商业化、科层化的异化状态中解放出来。尼采批判基督教，批判苏格拉底开创的理性哲学、概念哲学，其目标指向还是要以健全的人，甚至超人来对抗这个造成人的异化的现实世界。

比较而言，中国思想要温和得多，因为中国人很早就和世界、自身达成了和解。和解的原因是非常复杂的，在此不做深究，但无论所谓天人感应或天人合一，并不是某个思想家可以随意作出的判断，而是对中国人精神状态的客观反映和准确描述。儒家的风教、诗教、乐教，名虽异实则同，均含有美育，即人格养成的意味，其结果是进一步强化了人和世界、自身的和解。这和始终无法彻底和世界、自身达成和解的西方思想形成了强烈的反差。在这方面，中国人贡献了自己的智慧。

所谓美育意识，意指美育并非盲目的而是自觉的，并非凌乱的而是系统的，并非停留在认知层面而是要知行合一的观念。在传统观念中，医院是救死扶伤的场所，但救死扶伤，并不限于患者“身”的问题，而同时包括患者及家属“心”的问题；某种程度上可以讲，“心”的问题比“身”的问题更重要。荀子讲：“心者，形之君也，而神明之主也”。《礼记・大学疏》云：“总包万虑谓之心”。从心统摄身的角度看，人和世界的和解，和自身的和解，归根到底是身与心的和谐，是心和世界的和解。在医院文化中强调美育意识的培育，就是要实现身心和谐、人与世界和解这一目标。

二、美育意识的培育

医院美育意识的培育需要注意五个方面的问题。一是视觉培育：是否赏心悦目（二维系统如油画、国画、水彩水粉画、插画等绘画作品，摄影作品，书法篆刻拓片，电影电视视频作品等）；二是听觉培育：是否如醉如痴（听觉系统如音乐作品中的声乐、器乐等，音频、视频作品，各类设备的运行声音，友善交流的场景等）；三是嗅觉味觉培育：是否沁人心脾（嗅觉味觉系统如花香味、药香味、体香味、食物味、茶香味、咖啡等饮品味等）；四是触觉培育：是否触景生情（三维系统如雕塑作品、工艺品，公共建筑物的接触点，医疗器物在患者身体上的接触，医患诊疗接触等）；五是知觉培育：是否潜移默化（知觉体系如感性素质培养培训、对医院的整体印象等）。因此，医疗场所需要温度，需要悉心经营。在视觉上，1~100m内的不良视觉元素需要隔离与遮挡；在听觉上，1~7m内的不良听觉需要对冲；在嗅觉上，1~3m内的不良嗅觉也需要掩盖；作为制度设计，在综合美育意识的培育上，1~15m内的综合感受需要悉心设计与维护。

这五个方面的问题和培育，目标均指向人与环境的和谐、人与人的和谐、人内心的和谐。而艺术是实现这一目标的工具与桥梁，基点是心灵美感的激发，默默地对冲病耻感、恐惧感、忧伤感、连累感。乔治·贝克莱（George Berkeley）在《视觉新论》一书中提出一个很独立的观点：视觉不能感知（穷尽空间深度）。因此，音乐被其视为心灵创伤与职业倦怠的最高抚慰。如果能在医院的空间里与音乐相遇，作为患者能体会到人性的关爱、声音福利，体会到温暖、放松、温柔的呵护。而作为医生将体会到职业的高雅（没有职业噪声），也体会到生命的神秘、圣洁，医疗技术之外的关爱呵护，领悟医院服务契约中的协商性、协同性（和弦，共鸣）。音乐抚慰的是人类的苦难，不是他者的苦难。作家周大新29岁的独子不幸被脑瘤夺走青春与生命，白发人送黑发人的忧伤把他逼入心灵的窄巷，路越走越黑，是莫扎特的《安魂曲》（K626）将其拯救，由此“放下——所有的收获，收回——所有的期待，忘却——所有的失去，抛开——所有的烦恼。安息：将不舍扔开，把不甘丢弃，将愤懑消掉，把不安抹去……”由此获得新生。《安魂曲》不仅是对逝者的安慰，也是对生者的宽慰。

当代最重要的医学史家之一亨利·欧内斯特·西格里斯特（Henry Ernest Sigerist）在其专著《疾病的文化史》（*Civilization and Disease*）中提出，健康是一种完美均衡的状态。当健康状况良好时，我们会像往常一样自由呼吸、思考行动，而浑然不觉。但是，环境因素、不当的饮食、错误的生活方式或其他情况，都可以打乱这种平衡。这种被打乱的平衡，彰显在疼痛、发热、肿胀、功能紊乱及其他症状当中。疾病的发生，是一个自然的过程，本质上与正常的生命过程并无不同。接下来，人们凭借与生俱来的康复力——后来被称作自愈力（拉丁文：vis medicatrix naturae）——努力恢复平衡。如何恢复平衡，书中借用毕达哥拉斯（Pythagoras）的观点指出：身体上的平衡需要借助医学来恢复，精神上的平衡则需要借助艺术（音乐）来恢复。因此，帮助提升自愈力就成为医学干预的重要内容之一。

这里涉及一个重要问题，未来医学的核心是什么？是调动和激发人类的潜能和自愈力。那么，要去调动和激发人类的潜能靠什么呢？要靠人与自然的和谐共处；进一步，人与自然的和谐依靠什么来实现呢？要靠艺术。所以，今天的医疗建筑，不应是高档建筑材料的堆砌，应该让人们走进这个建筑体时，就像回归于自然，让内心与自然和谐，能够调动和激发人类自身的潜能与自愈力。在医疗建筑设计过程中，每一处细小的设计，都应体现的是一种团队文化，一种愿景，一种价值取向。医院绝不仅仅是一个楼体的设计与建设，实际上是一个让文化落地为文明的过程。

医学是保护和恢复健康的艺术，当人类逐渐学会了管理和帮助生物体自然康复时，医学就诞生了。医院是充满了负面情绪的地方，生病给人们带来的是痛苦、恐惧、绝望和无助，医务工作者也会因工作压力而产生焦虑、压抑、抑郁等情绪，会因为失误而感到困惑、愧疚、怀疑，会因患者或家属的不信任而产生沮丧、愤怒、悲伤……医学和艺术的完美结合会给医院带来医疗工作无法代替的作用。在医院融入各艺术门类的艺术作品，既是“美育”，又是“美愈”，既是培育，也是治愈。医患之间一旦缔结成审美共同体，则不仅可借以强化情感共同体（共情），且有助于打造道德共同体与价值共同体。

基于上述目标，针对医院“场所精神”下的美育意识培养可采取以下措施：一是各类油画、摄影、雕塑、音乐作品的展示，意在优化环境，美化氛围，艺术作品的疗愈功能，具有神奇的心理抚慰效应；二是艺术场域开拓，医院公共空间中的画廊、雕塑等艺术作品展示，医院音乐厅、播映厅等（新艺术家文化沙龙）概念，产生全新的经营空间；三是医院特色品牌拓展，提升市场竞争软实力、巧实力。此外，艺术资产积淀，可起到扩充医院抵押、增强抗风险能力的作用（如克利夫兰诊所）。

在医院文化建设中，场所精神与美育意识互为依托、一脉相通。

第三节　医院的环境营造

一家医院，无论是改建还是重建，在基础建设完成后，紧跟其后的是外装内装设计施工，弥补土建中的不足与缺陷。而几乎所有医院都选择了直接使用，缺失了医院人文改造完善的过程。医院管理者没有完全明白，我们是谁？我们留给社会的应该是什么样的形象？我们该怎么做医院人文？医院的建筑物与内在的病区、公共场所有没有气场？有没有磁场？有没有魅力？有没有吸引力？……医院是冰冷的，没有人情味，还是同情心泛滥？是充满来苏味还是厕所味？是技术崇拜还是金钱诱惑？都不是，我们需要的医院，应该是有温度的，温馨宜人的，医者常怀恻隐、共情、同理之心，患者感受到一种被眷顾、被呵护的境遇。

环境营造是一个复合词，既包涵环境的创设，也包含环境的运营，一般统称为环境的营造，医院的环境营造大致可分为两个向度：一是催生、推动积极因素，二是减缓、阻断消极因素。斯坦福大学心理学家菲利普·辛巴杜（Philip Zimbardo）1969年进行了一项实验，他找来两辆汽车，一辆停在纽约布朗克斯区，另一辆停在加州帕洛阿尔托的中产阶级社区，第一辆车摘掉车牌，顶棚砸开，结果当天就被偷。第二辆停放一周也无人理睬。后来，辛巴杜用锤子把玻璃敲个大洞，几小时后车也不见了。以这项实验为基础，政治学家詹姆斯·威尔逊（James Q. Wilson）和犯罪学家乔治·凯林（George L. Kelling）提出了“破窗效应”理论。

在当下的医院文化建设中，存在明显的破窗效应，医患冲突总是在一些人文理念薄弱和人文环境较差的科室、场所、特定人群中发作，而注重人文环境建设的科室、医护人员则相安无事，甚至关怀浓浓，感恩浓浓，呈现明显的马太效应。消极情绪的排解，首先是空间释放，力求有地方可走，开辟医院园林，小花园曲径通幽，营造医院的艺术空间；其次是等候期间有事可做，无线上网便利，休息区欣赏音乐，观赏艺术品，品尝咖啡饮品等，使等候不再焦躁。以门诊等候综合征为例，缓解的思路是做到“五有”：有座（有窗-有景）、有网（分心-分神）、有序（公正-平等）、有关注（声音福利）、有抚慰（针对性，非针对性）；其次是心理稀释：音乐抚慰，语言安抚，个体疏导。生活中有些负面情绪可以随时间挥发，在克制过程中自我安慰，自我解脱。而负面情绪积累，就会产生三态：先是抱怨、紧张、焦虑，会产生投诉行为，继而抗议，出现语言、非语言的愤懑，需要调解，最后是暴力，伤医毁院，需要动用法纪手段惩戒。

具体而言，现代保健医疗建筑要着力满足心理层面的需求。医学的最高境界是身心健康，但目前的建筑和医疗行为，更多地关注躯体的健康，把人的精神和灵魂的需求弱化和淡忘了。一个医疗建筑不应局限在为躯体健康服务这一职能的满足上，更应该去考虑社会民众精神层面的需求和满足，身心的共同健康才是医学追求的终极目标。一家医院建设之初，医院管理者首先要想清楚能赋予医院建筑的“灵魂”是什么？特别是在筹建早期就应去系统地思考自己的思想文化体系、价值取向、责任使命，以及医院文化的深刻内涵。一个好的医疗建筑，人们感受到的绝不仅仅是建筑物内外的表象，而是使用过程中一种人性的交流，一种生命的升华，一种持续与发展。现今在新的建筑中，应努力让医学回归本位。人的精神健康与躯体健康同等重要。

在整个建筑内外装修方面，既考虑成本控制，又尽力去满足保健医疗功能与医患精神层面的需求。譬如，增加楼层的高度，以减轻患者和医护人员的精神压力；公共区域与通道屋顶选用矿棉吸音板，墙面采用吸音材料（如海基布），这些建筑装饰材料一是费用低廉，二是吸音效果好，在医院各个区域会让人感觉到一份自然的宁静。医院建筑中的不同楼层、不同区域，应有不同艺术家的不同题材、不同风格的作品呈现。适合医院空间的就是最好的，逐渐积累，宁缺毋滥。在布置营造空间时，一定要考虑医学专业的内涵属性，或多或少与医学专业有联系，或直接、或间接、或具象、或抽象、或宁静、或愉悦、或期待、或信赖……当置身这个环境中，看到这些油画作品、摄影作品等艺术品，内心会感受到一份温暖，心灵会得到一份抚慰。环境能够带给人们一种美好的感受，本身也是一个保健医疗的过程，同样起着不可替代的心灵安抚和治疗作用。总之，在设计和建设过程中，策划者应致力于把医疗通道建成一个艺术长廊，募集一些“人性与爱”“善待生命”等以表达积极人生为主题的艺术品，使这个医学科学殿堂化身成人文艺术馆。

在医院工作久了，就会有一种对医院各层面各个空间不同的认识，不同的感觉，也就是对医院这个情绪空间的一种知觉，或者是一种心觉。是建筑师们所说的“建筑风水”吗？其实仅仅是一种感觉而已。作为医院管理者或者医务人员更应多关注医疗场所的情绪空间，即条件反射地规避危险，趋吉避凶，评估具有重要意义的“刺激物”，而这一切最好的解决方式，最能让老百姓看懂听懂感觉到的，就是利用或呈现各类艺术形式于医疗空间。无论怎样，在医院达成一种平衡的状态，就能持久发展。否则，医院就会是是非非不断。

当然，在医院同样要注意，而且必须认真对待季节节气的变化，乃至地球磁场的变化，这种变化对人的身体是有影响的，遵循它的变化，顺势而为；逆势而为，就会问题不断。此外，医生的精神气质与职业行为也是医院环境的一部分。医者的人格气场与医院环境气场共同作用，旨在改造患者的（沮丧）心绪、（忧伤）心情，营造（敬畏）的意识、（仁爱）的精神。

案例讨论

【案例】甘肃省妇幼保健院是一家有近百年历史的妇幼保健机构，虽地处西域的甘肃兰州，但技术实力、学术地位与影响力却毫不逊色，是甘肃、西部地区乃至于国内有较大影响力的三级甲等妇幼保健机构。走进甘肃省妇幼保健院，首先映入眼帘的是300余幅精美油画，2000余幅摄影作品，近百座人物及艺术雕塑，仿佛步入一座艺术宫殿。这些艺术品不仅美化、优化了环境，也增加对患者的吸引力和舒适度。艺术品方阵是极具特色品牌的实力宣导与拓展，对于患者来说，则具有神奇的疗愈功能和心理抚慰效应，从而极大提升了该院的软实力、巧实力。

甘肃省妇幼保健院本部属于旧址改造重建，历时近十年，历经三期改造，2018年才格局、格调初定，随后，还在不断优化。“建筑是凝固的音乐”，为了彰显妇幼保健女性阴柔之美，该院的建筑与空间造型采用了方圆结合、刚中带柔的设计语言，形体简洁、大方，序列规律、有节奏；色彩凝重、有厚重感；构图优美、有韵律感。整体大楼以灰色为主色调，建筑转角四角配以红褐色等高纯度的暖色浮雕石造型，使妇幼保健机构整体特质得以强调；主体竖向错落散缝与部分低层横向的灰色色带错落排布，令整个大楼似钢琴琴键般节奏明快，乐感明显；白色为面，灰色、红褐色为线，线面结合，构筑了一幅油画般色彩效果。外立面装饰材料采用不同色彩的石材，娄艺玻璃、浅色铝板、深灰蓝窗框等增加色彩和

扫码学习
相关内容

材质对比，体现医院历史发展的人文情结和庄重感。建筑立面竖向石材间玻璃窗错动，夜间暖色泛光，使每个不同方向的立面似北斗星闪烁，增加了节奏律动感。住院部到门诊、急诊用白色铝板雨棚形成一条巨型起伏曲线，使整个建筑物方圆融合，阴阳对称，给人以轻松愉悦而又庄重典雅的视觉感受。

建筑语言时时都表达着医院的文化理念。譬如，该院的服务宗旨是“人民的利益高于一切”，所以，在楼宇的建设过程中，预先在保健楼一楼大厅的墙壁里铺设了180个抢救单元的设备带，在地下二层安装了大型发电机组，还预留了近5000m^{2}的灾难及战时紧急救助空间。也许有人会认为这些配置设施在现实中几乎用不上，是一种浪费。但是，如果有一天发生重大自然灾害或战争，甘肃省妇幼保健院这栋楼里传递出去的绝不仅是灯光的明亮，还有强烈的社会责任感，带给百姓的不仅是一份温暖，更是一种希望。

在使用方面，该院努力尊重人性的需求，尊重医学的本真。例如，医院在诊疗空间中建成了具有同声传译和影视播放功能的学术报告厅，除了用于学术报告和文化交流，也经常向公众开放，举办免费的健康教育大课堂和社会公益电影节，向社会民众传播健康保健知识和展示优秀影视作品。在住院部大厅，摆设了音乐厅里才有的钢琴，配置了LED影视播放屏，每天由高校艺术志愿者来院演奏优美的乐曲。患者与家属不需花费一分钱就可以感受到音乐艺术的魅力和温馨。很多人或许一辈子都不会走进音乐厅或艺术馆，但当他们走进这家医院，同样能感受艺术的高雅，音乐的灵动，得到精神层面的满足和慰藉，这也是所有医学工作者内心崇高的向往和追求。所以，这里不仅是一个医疗保健场所，而且是医疗建筑魅力的真正体现，更是对人性和生命的崇尚。

在建构一种场所精神，建设一个有温度的情绪空间的同时，该院还希望通过美育精神的培养，打造出一批懂人文、有情怀、会讲科普的医者。因为人性的力量、文化的力量、美的力量、社会的力量汇集在一起，通过艺术的呈现，就会焕发出一种格外强大的精神感召力，成为人们心之所向的疗愈圣地。当医学遇到艺术，当艺术拥抱着医学，无论医学人文还是人文医学，或者更高的目标健康人文，未来的路都伴随着人类对健康的执着探索与追求而越来越宽阔。

近十年的孜孜以求，一心向往医学科学与艺术完美结合，成就了一家看似不像医院的温馨医院（充满着艺术风情）。患者在经历疾病的过程中，医务人员帮助患者治疗疾病、恢复身体健康和平衡，而艺术家创作艺术作品用来净化、感召患者心灵，帮助抚慰心理疾病。艺术家和医务人员结合在一起，将陪伴患者共同经历疾病的过程，让患者最终身心健康。

【讨论】通过本案例，如何理解医院空间的特点及场所精神的基本内涵？如何理解医院美育的特点及在场所精神构建中的重要作用？如何理解医院环境营造中美育的融入与拓展？

本章小结

本章通过医院场所精神的构建，医院美育意识的培育和医院环境营造中美育的融入与拓展三个层面，提出了医院文化建设的新思路、新模式、新方向，具有一定的参考价值。同时分享了甘肃省妇幼保健院在场所精神与医院美育创新融合方面的实践案例，对于激发学员对场所精神与医院美育的认识和思考提供了借鉴和思路。

（张　旭）

参考文献

[1] 查尔斯·詹克斯，卡尔·克罗普夫.当代建筑的理论和宣言[M].周玉鹏，雄一，张鹏，译.北京：中国建筑工业出版社，2005.

[2] 诺伯格·舒尔兹.存在·空间·建筑[M].尹培桐，译.北京：中国建筑工业出版社，1990.

[3] 周大新.安魂[M].北京：作家出版社，2012.

[4] Edward T.Hall.The Hiclden Dimension[M].New York：Anchor Book, 1990.

[5] 诺伯舒兹.场所精神：迈向建筑现象学[M].施植明，译.武汉：华中科技大学出版社，2010.

[6] 克里斯托弗·戴.灵魂的居所[M].北京：电子工业出版社，2018.

[7] 李清志.灵魂的场所[M].北京：九州出版社，2017.

[8] 亨利·欧内斯特·西格里斯特.疾病的文化史[M].秦传安，译.北京：中央编译出版社，2009.

[9] 席勒.美育书简[M].徐恒醇，译.北京：中国文联出版公司，1984.

[10] 贝克莱.视觉新论[M].关文运，译.北京：商务印书馆，2017.

[11] 夏然.情绪空间[M].南京：江苏凤凰科学技术出版社，2019.

第八章　服务文化的构建与提升

学习目标

1. 熟悉　患者至上服务意识的内涵。
2. 理解　患者至上服务意识的重要性。
3. 掌握　患者至上服务文化的体系化和精细化。

随着社会的进步与发展，健康作为人权的最核心价值获得广泛认同，人类的健康需求也随之日益增加，服务诉求日趋多元，服务层次、精度不断升华。医学面临的不只是个体疾病的治疗，而是更为广泛的人类健康问题。医生与患者的关系也随着医学理念的改变发生着微妙的变化。传统的生物医学模式更多的是把治病救人作为行医的唯一目的，而生理-心理-社会医学模式则强调把帮助患者作为新的使命。因此，有品质的医院一定具备高品质的服务，而高品质的服务需要系统运筹，体系化、精细化运营。

第一节　患者至上意识的内涵与价值

一、患者至上的内涵

患者至上的意涵是患者需求至上，患者利益至上，患者价值至上。很明显，“患者至上”的对立面是“技术至上”。“患者至上”强调的是把患者作为医疗服务的中心，理解整体性的个人在医疗服务中的重要性，而不单纯是疾病治疗。“技术至上”强调的是严格关注疾病的临床诊断与治疗，将医务人员视为医学的唯一价值创造者，从而导致医患之间的深刻隔阂和偏见。

“患者至上”的英文表述是Patient first。“The needs of the patient come first”是美国梅奥诊所的核心价值观，也是梅奥精神。梅奥百年品牌的魅力正是源于“一切为了患者，为了患者的一切”这种理念，所有努力的付出均是为了保证患者的所有需求能得到满足，竭尽所能地做一些职责之外的事情，不因此而疲怠。把医护人员同情心、同理心演绎得淋漓尽致。

“患者至上”也是“以患者为中心”理念的体现。以患者的利益和需求为中心，二者都要求医护人员要从患者的身体、心理、家庭、隐私、安全、信仰等方面为患者考虑。不考虑患者的民族、身份、职务、地位、贫富等因素，真心关怀，想患者之所想，急患者之所急。“以患者为中心”是“患者至上”的前提，要求医疗服务工作始终围绕患者，努力实现患者需求至上、患者利益至上、患者价值至上的核心目标。

2011年6月26日，中国医师协会发布了《中国医师宣言》(以下简称《宣言》)，明确“平等仁爱、患者至上、真诚守信、精进审慎、廉洁公正、终生学习”六条医学守则。其中，患者至上是《宣言》中的第二条承诺，意指要充分尊重患者的权利，维护患者的利益。尊重患者及其家属在充分知情条件下对诊疗决策的决定权。2014年6月26日，中国医师协会又公布了《中国医师道德准则》(以下简称《准则》)。《准则》共40条，第一条即明确规定:“坚持患者至上，给予患者充分尊重。”《准则》强调了患者利益最大的基本原则，以及不伤害患者的基本原则。例如，在疾病面前，医务人员应当以患者最大利益对患者施救，无论用药还是做临床决策始终坚持患者的最大利益作为最高的价值探讨，不应当以医院的最大利益作为价值判断的依据。

患者至上原则体现在临床工作中，就是不放弃一切诊疗机会，多为“看病难”尽责；不折腾患者多花冤枉钱，多为“看病贵”减负；不怠慢每一位患者，多为“看病寒”暖心。总之，患者至上，是“医心”的应有之义。

二、树立患者至上意识的重要性

1. 患者至上意识是医者道德修养的根本　把患者至上刻进基因。当代社会对于医务工作者提出了更高的要求，建立患者至上的服务意识是建设和谐医患关系的重要途径，也是医学模式转变期的发展趋势。对生命敬畏、对患者关爱是医者的天职，也是做好医疗服务工作的首要前提，树立患者至上的服务理念是培育这种道德修养最好的途径。只有感悟敬畏生命的意义，坚持患者至上的服务意识，并以此指导医疗卫生工作，才能实现医学的宗旨和目标。

2. 患者至上意识是医院文化建设的核心　医院文化的建设核心是提炼核心价值观，指导形成核心价值观的思想和精神又是文化建设的关键。患者至上的理念是医院文化建设的核心，旨在推动医院全体员工的向心力、凝聚力，践行为患者服务的工作宗旨，“让医生护士心无旁骛、治病救人，也让治病救人的价值理念真正回归”。随着医院管理模式的转变，“以患者为中心”的管理理念在医院文化建设中得到有效应用。它强调对情感、心理等诸多影响因素进行柔性管理，对员工关心、尊重、理解、帮助和激励；此外，还要发挥人的主观能动性，以人为本，要着眼于实现员工的价值，激发员工的能动作用。

3. 患者至上意识是医疗服务高质量发展的基石 高质量发展的根本是高质量的人的发展，因为医疗服务坚持以人民为中心的发展思想，不断促进人的全面发展。

第二节　患者至上服务文化的体系化

在医院管理界，普遍认为患者至上服务文化的体系化强调的是中观的服务文化建设和管理。

一、患者至上服务文化体系的建设目标

1. 服务意识得到新提高 医院文化所独具的特色有利于塑造良好的员工服务意识，服务意识是实现医院可持续发展的动力。通过转变员工服务意识，让医疗服务逐渐变得更人性化。

2. 流程优化取得新成效 坚持以患者至上作为出发点，对医院流程问题进行剖析，并结合行业内的做法和经验以及本院实际情况，通过借鉴业务流程再造的理念和方法，转变诊疗服务模式，优化现有流程，旨在提高服务效率，真正实现患者至上的服务理念。

3. 患者体验得到新提升 始终坚持患者至上的理念，聚焦患者“看病难”“看病烦”等问题，不断提升医疗质量与服务水平，持续开展服务改进，将就医的操心事、烦心事、闹心事变成放心事、顺心事、暖心事，切实提升患者的就医体验。

二、患者至上服务文化体系的建设内容

（一）提升服务意识

1. 变“被动服务”为“主动服务” 主动服务不仅是一种工作态度，更是对工作的掌控，在医院日常工作中，要养成积极主动的习惯，而不是依赖于被动式服务。在服务患者的时候也是一样，如果一直提供被动的服务，就会失去很多的主动掌控权，跟着患者的节奏去做，不仅工作效率低，也容易出现职业倦怠。因此要学会主动地去

服务，控制好整体的节奏，让患者适应医护人员的节奏，而不是医护人员跟着患者的节奏。努力推动服务从“被动服务”到“规范服务”再到“主动服务”和“感动服务”的转变。

例如前台人员提供耐心主动的服务，微笑示意并有问候，耐心解答患者与家属提出的问题，做好及时有效的引导、分流。实行移动式服务，在自助服务区主动巡视，给患者与家属及时提供帮助，离开工位时摆放“有事离开，请稍等”的提示牌，并指引去向，确保患者与家属能够找到相关人员寻求帮助。窗口人员主动与患者交流，不光看向患者，耐心地回复患者疑问，同时也要注意表情及用语可能带来的影响。工作人员主动进行二次分流，及时帮助各个窗口疏导人流，提供必要的安抚服务，预防人多可能出现的拥挤争吵的状况；实行主动迎接、主动分流、主动关注、主动缓解、主动巡视，进一步提升服务品质。

2. 变“冷漠服务”为“暖心服务”　为患者与家属提供暖心的服务，如窗口人员见到患者与家属走近柜台时，主动问候“您好”；医技检查前做好信息核对，检查中能换位思考，做好患者隐私保护，及时做好遮挡；检查后主动告知，提醒取单子的时间与地点。每一个服务细节，都体现“有智慧”的创新服务、“有温度”的暖心服务。

3. 变“自觉性服务”为“标准化服务”　按照医院各个岗位的工作内容，制定标准化的服务，变有些人有意识的“自觉性服务”为全院全员统一的“标注化服务”。同时，建立服务考核评价机制，对服务工作进行系统的考核，对优秀的个人和科室进行表扬与鼓励，对不达标的个人与科室进行引导与服务帮扶，最大限度地发挥好医院的服务作用。

（二）抓住流程优化的关键点

1. 以“超越患者期望”作为流程优化的导向　医院提供的服务要超过患者的期望。首先，医务人员要有主动服务意识，要替患者“看到、想到、听到、做到”，要让患者有“真没想到，医院的服务这么周到”的感叹。其次，要营造医务人员与患者“心贴心”零距离服务的软环境。加强员工的职业道德教育，进行规范的礼仪培训，逐步建立起医院所特有的医疗服务文化氛围。再次，医院在规划布局时，进行换位思考，围绕患者充分考虑医院各科室在空间位置上的合理性，对现有科室的布局依照服务流程优化的要求进行整合，尽量减少折返及路途时间成本，逐步改善医疗服务的硬环境。

2. 明确优化医院服务流程的阶段目标和步骤　医院所有的工作都是直接或间接地围绕患者至上的理念、超越患者期望的理想目标服务，但是在实践中要通过一个个阶段目标来逐步实现。医院管理应把医院服务流程的优化作为重要的课题，放到医院管理的议事日程上，列入医院的工作计划中。在确定医院服务流程优化计划时，可以先回答“5W1H（What，Why，Where，When，Who，How）”，即回答做什么、为什么做、在什么地方做、什么时候做、谁去做、怎么做。医院服务流程优化包括以下5个步骤。

（1）了解医院目前患者的诊疗流程，并绘制成价值流图，这张价值流图还应当包括医院后勤支持系统，如患者的运送、药品等医疗物品的运输等内容。

（2）确定流程优化目标，主要包括提高服务满意度，缩短服务流程循环周期，减少患者等待时间，降低服务成本，提升医院的经济效益等，并给予量化。

（3）建立目前医疗流程模型并对其进行分析，找出流程的“瓶颈”，按照轻重缓急原则进行排序。

（4）建立新的流程并进行模拟运行，逐步制定科学有效的未来价值流。

（5）根据未来价值流，改善现有流程并加以实施。

3. 寻找关键环节作出突破 在对医院原有服务流程进行优化与整合时，需寻找关键环节作为突破口。这个关键环节就是在整个流程优化中应当优先解决的子流程，这些关键环节主要包括以下方面。

（1）与患者关系最密切的流程，如门诊流程、急诊流程、入出院流程等。

（2）不合理的、对整个流程优化阻碍最大的流程，如科室的功能设置、空间布局等。

（3）最容易成功、最能获得员工支持和参与的流程，如信息支持系统。

4. 以信息网络系统为纽带优化整合医院服务流程 信息流的有效整合可以减少人流、物流和资金流的流量变化，提高人流与物流的效率。基于网络技术“一卡通”的使用，门诊的注册、分诊、挂号、交费等手续可以实现一次性完成，大幅缩短了排队等待时间；门诊医生工作站使“患者选择医生”成为现实；信息系统可以使入出院手续办理时间明显缩短：利用信息技术可以实现网上咨询和网上挂号等业务。同时，医院管理者的控制水平得到提高，促进医院的行政管理机构由传统的“金字塔”式向“扁平化”发展。

（三）注重患者体验

1. 开展服务“最多跑一次”改革，实现线上办事“一网通办”，线下办理“最多跑一次”。打造数字化的医疗服务新范式，让医疗服务成为“智慧服务”，实现医院各类服务一网通办、就近能办、跨院可办。建立智能化的医院服务热线呼叫中心，实现院前、院中、院后一体式服务。服务热线呼叫中心对外面向患者，对内与整个医院相联系，实现服务的无缝结合。

2. 充分发挥医务社会工作在心理关怀、人际互助、资源资讯支持中的作用，为患者在门诊、住院、回归社区等环节提供既有温度又有力度的支持，解决贫困患者就医、病友互助、病情康复等问题，进一步改善医疗服务质量。整合社会及医院志愿服务资源，对患者就医、康复等方面进行引导和服务，进一步提升就医体验。通过平台搭建和完善，打造具有一定社会影响力的品牌服务项目，加强医患沟通，构建和谐医院。

3．加快满意度测评的信息化建设，建立基于移动端的满意度测评渠道，丰富数据呈现形式，提升满意度测评的精准性、可靠性和可溯源性。开发患者投诉文本数据智能挖掘分类管理系统，通过文本挖掘技术、人工智能算法实现对患者投诉热点问题有效智能分析，使投诉管理更快捷、准确、全面和深入。开发基于人工智能的患者需求响应研究与分析系统，挖掘医疗业务场景的不同人群需求，实现灵活用户分群的需求梳理、需求沟通、需求分析，并对标管理。

4．推动服务管理标准化，积极参与医疗服务管理领域的国际规则和标准制定。建立精益医疗管理、满意度测评管理等系列行业团体标准。加快建设精益医疗管理体系，推动精益管理体系优化升级。统筹推进精益项目、自主改善、合理化建议三位一体的精益改善活动。加强服务改善的闭环管理，推动患者满意度、投诉管理、精益改善池和服务改善清单的深度融合，加快推进医疗服务的数字化，推动服务改善与服务数字化的深度融合和信息共享，加快服务向高品质和多样化升级。

第三节　患者至上服务文化的精细化

患者至上服务的精细化是指医院为患者提供的一种全方位精致化、细节化、人性化的高品质服务活动。其目的是让服务理念转化成具体的表现形态，带给患者实实在在的感受。患者至上服务文化的精细化强调的是微观的服务文化建设和管理。

一、患者至上服务文化精细化的策略

1．医院服务精细化已经被认为是一种常态意识，表现在日常的工作中，就是做事精益求精、一丝不苟、严谨细致、追求完美，使得精细化服务逐渐成为医务人员“潜意识”的工作表达。

2．大型综合性医院的精细化服务是永无止境的，只有跟随医院的发展同步改善与不断创新，精细化服务才得以充分体现。

3．追求医院服务精细化，本身就是一种良好的工作习惯。医院的精细化服务管理也应该成为开展医院工作的落脚点与立足地，并且体现在医院工作的各个环节上。

二、患者至上服务文化精细化的关注点

（一）精益文化的建立

患者至上服务文化的建设，离不开精益文化的支持。在医院的日常运营中，通过分析服务存在的难点、痛点，结合精益理念和工具，发现流程中存在的问题，争取进行改进，避免患者时间成本、经济成本的额外支出，切实提高患者的就医体验，也实现了患者至上的服务理念。医院围绕患者价值，通过精益医疗、改善项目、不断优化服务流程，用价值流创建患者期待的服务体验，有效提升医院服务管理的综合效能，逐步形成一种具有医院特色的精益求精、尽善尽美的管理理念，一种持续改进、追求卓越的精益文化。

精益文化的价值是关注患者价值，通过患者价值来设计和改善服务流程，通过构建未来价值流，从而实现最少的资源投入，最大限度地满足患者的差异化需求。精益文化所推崇的实践工具、实践方法、实践思维，讲求从实际中来，到实际中去的思路，这种思路可以保证医疗机构在行业竞争中得以生存。培养和激发员工发现问题、分析问题、解决问题的能力，使之与医院的发展战略和文化建设不谋而合。在坚持以患者需求为导向的基础上，充分考虑员工的潜能，重视员工在精益文化建设中作出的贡献，从根本上调动员工积极性，使之积极投身到自主改善的工作中。通过系统的培训，打造精益管理倡导的“全员参与，通力合作”的文化内涵，最终形成“患者至上、真诚关爱”的核心价值观。在精益文化的影响下，逐渐打破以往的固化思维：重视医疗工作而忽略了患者感受，发现问题时第一反应是“很难改善”“无法改善”等。避免诸如告示不清晰而引起的患者不必要走动、等候、操作；因为缺少部门协作而引起的差错、返工等；因为物品摆放不当而引起的时间浪费。在服务患者过程中，医护人员要主动发现非必要的活动，并努力减少这类活动的占比，最大限度地维护患者价值。通过这样的文化导向和价值追求，促使员工努力应用精益工具和方法，始终不遗余力地将改善医疗服务、追求患者利益最大化放在首位。

（二）优质服务内训文化的建立

内训师是医院文化的建设先锋，他们承担了员工培训的重任，个人在日常工作中的服务表现很重要。作为医院服务理念的执行者、贯彻者，内训师将根据患者反馈的意见，对相关科室进行服务帮扶，让满意度较低、投诉较多的科室能补足服务短板。

内训师作为医院服务理念、服务知识、服务技能、服务管理和服务文化传承的最

直接的成员，能有效弥补医院在服务技能和组织管理技能方面的短板。通过认证的内训师，需要按照医院制定的培训计划表，组织内训师工作坊、微课比赛、课程打磨等工作，组织医院全体成员参与，就如何做好服务文化的建设群策群力。作为服务质量的监督者，对于做好服务监督，进行服务补救，起到了至关重要的意义。尤其是当患者出现不满时，内训师可以充当矛盾的化解者，做好与患者的沟通，将矛盾解决在萌芽之势。同时，内训师对投诉较多的员工进行服务帮扶，站在员工和患者的角度，用真性情、平常话、身边事，晓之以理，以己化人、以己育人，让员工做到换位思考，深刻理解优质服务对构建和谐医患关系的重要性。除此之外，内训师也是一名培训讲师，通过自身的实践以及感悟，结合有效的教学方法，向身边的成员传授服务知识及理念。

（三）投诉文化的建立

医院要做好投诉管理，需转变以往的观念，真正做到将投诉视为患者给予医院的礼物，特别要教育员工，当与患者发生矛盾或意见不一致的时候，通过换位思考，多从患者的角度考虑，自觉地“把对让给患者”，营造和谐医患关系。投诉是医院发现服务短板的最有效途径，是医院以患者为中心改进各项工作的有力抓手。患者投诉时，通常带有发泄不满和希望得到认同的心理，因疾病的影响、诊疗活动中的不满，往往希望投诉处理人员能有高度的同理心和认同感，及时解决问题。医学是专业化程度很高的学科，往往存在医患信息不对称的情况，医方作为资源、学识的优势方，相对而言，患方则成为弱势方，部分患者通过投诉，希望医方能认同其所经历的痛苦，以及对不满的慰藉。因此，投诉管理也是体现医院患者至上理念的一环，医疗机构要实现服务补救与服务改善相结合，在化解矛盾的同时，发现服务工作或流程中存在的不足，及时改进，避免同类情况再次发生。患者的服务需求是存在差异的，医院要对投诉进行深度梳理及分析，不能仅仅抱着“解决就好”的心态。对投诉进行定性、分类，建立高效顺畅的处理机制，保证投诉处理得不漏不迟。不仅要给患者答复，同时要深度挖掘、分析投诉背后的原因，并组织分享。医院可以定期举行服务点评会，针对某些集中的瓶颈性问题进行讨论，群策群力，共同探索改进方案。定期举办投诉经验分享会，分享正确的投诉处理和工作改进经验。不同的患者心理、生理特征是有差异的，科室可以在日常的实践中，根据患者自身的特征，研究沟通剧本，组织科内成员参加培训和演练，减少服务投诉的发生，提升服务水平。

（四）重视患者满意度改善

患者满意度是评价医疗服务质量、医院管理水平的真正标准。医院要把患者满意作为衡量工作的第一标准，把患者呼声作为提高服务水平的第一信号，各项工作的完善都旨在提升患者满意度。医院想要实现患者至上的服务理念，就需要重视患者的满意度测评工作，从满意度评价中发现问题倾向，综合考虑各项服务是否达到患者的预期，并针对满意度薄弱的环节进行改良，化不满为满意，为医院的可持续发展提供有力的保障。

2011年开始，国家卫生部已连续要求全国医疗机构开展“三好一满意”活动，明确要求把患者满意度作为衡量医疗机构服务工作好坏的考核目标之一。因此，各级医疗机构尤其是公立医院，要深入落实该项工作，根据文件要求，简化医疗服务流程，提升医院整体服务质量，对不符合当前形势的诊疗流程，进行服务流程再造，其宗旨是将“以患者为中心”这一理念落到实处。坚决抵制医务人员忽视为患者着想的观念、忽视患者权益、服务态度低下等不良作风，积极树立“以患者为中心”的服务观念，促进医患关系从紧张转向和谐。

案例讨论

【案例】广东省中医院患者至上服务文化体系的建设介绍如下。

1. 重视患者至上服务文化的理念化、细节化　广东省中医院一直坚持“以患者为中心”的服务理念，在全体员工的工作作风、精神风貌中都能体现这种理念。他们把“一切以患者为中心”“仁爱、敬业、务实、进取”的服务精神，作为医院的思想和核心价值观，树立了“患者虽然可以没有广东省中医院，但广东省中医院不能没有患者”的观念。事实证明，员工思想观念的转变、“以患者为中心”意识的加深，为促进医院在管理上实施自身优势策略、开展管理体制改革、提升业务素养等诸多方面工作的开展，提供了坚强的思维驱动力。与梅奥诊所一样，广东省中医院将服务理念落实到各个细节中，并通过细节展现其服务风貌。例如手术室温度较低，患者难免心情紧张，瑟瑟发抖，护士会为术后的患者做好保暖；艾灸患者出汗较多，科室自行购买了食盐，为治疗后的患者倒上一杯淡盐水，补充能量；患者出院后，康复过程中难免会有疑惑，通过建立回访制度，及时解答患者疑问。把服务工作做细做精，是广东省中医院的追求。

2. 重视患者至上服务文化的规范化、个性化　广东省中医院不断坚持和深入开展服务文化，制定了各种服务行为规范，如《医技人员服务规范》《护士语言行为服务规范》《礼貌服务的基本要求》等，经过不断学习和培训，医院总结出“四轻”“五心”“六不”的服务行为规范。“四轻”是指走路轻，操作轻，说话轻，关门轻；“五心”是指倾听时耐心，观察时细心，处置时专心，沟通时热心，解决问题时诚心。“六不”即不说服务忌语，不泄露患者的隐私，不对患者“生冷硬顶”，不拖延患者手术时间，不推诿患者，不脱岗、空岗，不延误患者诊治。医院还分别制定了医生、护士、医技、药剂和后勤人员的服务规范，从设置急诊绿色通道到医务工作者平时的语言、动作、姿态、表情、仪容仪表都有明确的规定。如急诊出车不能超过5分钟；急诊患者不用先交费，马上接诊、立即检查；患者入院，护士要当即放下手头的工作，先安顿好患者；患者出院，医护人员要送到电梯口；帮助住院患者修剪指甲，生活不能自理的患者，1周洗头不应少于2次；患者住院期间过生日，医务人员要亲自送上贺卡，到床前祝贺；与患者接触时，不能叫床号，应准确地以姓氏和尊称称呼患者，要“请”字当头，“谢”字不离口。对于医务工作者在医疗行为的全过程中，应该做什么，怎样做，规定细致、明确。服务规范主要规定了服务提供所能达到的标准，对提供什么服务的问题给出了答案。服务规范确定后员工的服务就有了追求的目标，检查服务质量也有了衡量的尺度。虽然广东省中医院已经形成一套属于自己的标准化服务规范，但医院还会根据患者的实际情况，为前来就诊的人员提供个性化服务。医院一直强调摆脱刻板式的服务，使患者感觉到独一无二的服务，而标准化、精细化服务规范对医护人员的服务行为进行了规制，医护人员在服务患者的过程中，使患者感觉到服务的独特性，提高被尊重感，促使服务文化的多样化、人性化发展。

3. 推行医院精益文化建设　广东省中医院的精益管理实践始于2006年，16年来，通过开展精益管理培训、精益项目，把改善写到科室考核的内容中，并鼓励员工参与精益改善。通过精益管理与医院文化建设的融合，使全体成员在实践过程中体会到问题解决的益处，逐步接受精益管理的思维方法，并把“患者至上”的核心价值观落实到日常的工作中。广东省中医院的精益文化不仅体现在医疗、护理工作中，更体现在后勤、医技等服务上。例如，广东省中医院后勤管理处通过改善订餐流程、简化订餐界面、加强配餐员宣教等措施，使患者微信订餐率从2019年的6%提高到2020年的20.41%，激发了患者微信订餐的意愿。针对排队取药时间长，影响了患者满意度的问题，广东省中医院通过一系列精益活动，使得西药房患者等待时间从17分钟缩短为10分钟，中药房患者等待时间从24.5分钟缩短为9.7分钟。同时，中心药房静脉输液配伍浓度医嘱不合格率从8%降到了0.2%，智慧药房药品配送种类增加到337种，改善了患者就医体验。以上种种，体现了精益文化的便民、利民，医院始终把握“患者至上”的核心理念，从细节着手改善，将提高患者的就医体验作为一切工作的出发点，打造了医院服务品牌，提高了社会知名度。

4.通过满意度体现患者至上服务文化　广东省中医院一直以来都很重视满意度调查，并从实际入手，了解患者的不满，发现服务短板，及时进行改善。从20世纪90年代中期开始，广东省中医院就开展满意度调查，通过20多年不断地探索和总结，逐步建立起了一套成熟的患者满意度测评系统，对了解医院发展现状、评估服务能力、发现流程不足、指引服务改进、推动服务改善，起到了至关重要的作用，广东省中医院的患者满意度一直处在同行业中比较高的水平。在2019年的国考中，广东省中医院20项指标获得满分，其中满意度的三项指标均获得满分。广东省中医院满意度调查方式、调查内容也随着社会的发展而有着变化，以往满意度调查主要采用纸质问卷的形式，通过面谈形式进行随机调查，优点在于问卷质量高，访谈有效性强，缺点在于收集的数据有限，部分患者的不满可能被忽略。2015年以后，广东省中医院正式引入网络平台搜集患者满意度，并改良了问卷，设置开放式题目，用以了解患者感动的事迹，以及存在的不满，此举提高了问卷的收集效率，全方位了解患者的真实意愿。广东省中医院患者服务中心会对数据定期统计和分析，因为医院进行满意度调查的目的不仅仅是获取某些数值，而是通过满意度测评了解患者满意度现状，及时发现和清除各种隐患，从而避免患者不满，真正贯彻以患者为中心的服务理念。因此，广东省中医院很强调反馈的及时性，把收集的意见和建议视为改进服务的突破口，及时反馈到医院、科室、个人三个层面；利用强调充分性，将满意度评估结果延伸至医院的全方位管理。

5.投诉管理体系不断优化　广东省中医院一直强调“投诉是患者送给医院的礼物”，并以此为出发点，不断完善投诉管理系统，把投诉的处理与服务补救结合起来，做到第一时间处理，第一时间反馈，第一时间改进。对投诉采取分类管理，设定红色投诉、黄色投诉和灰色投诉，并完善评价机制，如发生红色投诉，文明科室评比将被一票否决。医院坚持召开投诉经验分享会，将每一个投诉都当作一次教育和改进提升的机会，做到五个不放过——未找到问题原因不放过、未受到深刻教育不放过、未吸取经验教训不放过、未落实整改措施不放过、未分享防范规律不放过。在患者反映的意见中梳理共性、瓶颈问题，整理成改善池项目，组织院内精益绿带群策群力，探索解决方案，提高患者就医体验；针对难以改善的瓶颈性跨部门问题，医院会整理改善清单，提交领导办公会讨论解决，坚持一切从患者利益出发，上下级共同努力。

本章小结

本章带领学员了解患者至上服务文化的内涵、体系化构建的思路，以及服务文化精细化实践的途径，通过描述患者至上服务文化的时代性特点，向学员传递了新时期医院应该肩负的使命。通过描述服务文化的体系化构建，展示了服务文化应当具备的内容；结合精细化实践的思路，让服务文化的建设更具操作性。最后，通过案例分享总结经验，为服务文化的进一步探索提供基础。

（夏　萍）

参考文献

[1] 张炽.新医改形势下公立医院文化建设的着力点和基本路径[J].求医问药（下半月），2011，9（10）：219-220.

[2] 涂蓉.读《向世界最好的医院学管理》有感——美国梅奥的启示[J].中国医院管理，2010，30（11）：95-96.

[3] 陈健，唐林，屈谦.新加坡医院文化特色及启示[J].中华医院管理杂志，2003（12）：59-61.

[4] 杨彩虹，朱舒婷，鞠永和，等.公立医院服务文化建设的实践与思考[J].中国卫生产业，2016，13（29）：7-8.

[5] 魏东海.新时期的医院管理：由政策依赖转入市场导向——析广东省中医医院“双线六制”管理模式[J].中国医院管理，1999，（05）：25-28.

[6] 汤越.广东省中医院管理建设研究的调研报告[J].中医药管理杂志，2015，23（15）：28-30.

第九章　医界楷模叙事与名医风范

学习目标

1. 熟悉　医界楷模的基本内涵。
2. 理解　医界楷模的发掘与塑造。
3. 领会　医界楷模叙事的特征。
4. 把握　医界楷模叙事传播如何与时俱进。

第一节　医界楷模的塑造

一、楷模的概念界定

"楷"在《新华字典》中的定义为"法式，模范"。唐代经学家孔颖达认为："楷，法式也。言儒者行事，以为后世楷模法式也。""模"在《新华字典》中的定义为"规范，标准，法式"，本义是指木质的型范，后泛指规范。引申为效法的模式，再引申为榜样、楷范。

"楷模"一词，最早见于《后汉书·卢植传》："故北中郎将卢植，名著海内，学为儒宗，士之楷模，国之桢干也。"这是曹操赞美卢植为儒学大家、士人之楷模、国家之栋梁的一段话。可见"楷模"二字并用的意义早在东汉时期就成型了。

今天，"楷模"可以理解为在一定历史时期内，集中体现一定的阶级、政党或社会群体的道德规范和价值取向，并因其思想境界、道德情操和所外显的行为实践对他人具有示范和激励价值的个人或群体，也称榜样或者模范，即在一个领域内做得非常好、值得其他人（或事物）向其学习的人（或事物）。

二、医界楷模的内涵

按照医院岗位划分，医务工作者包括临床医生、护理人员、教职人员、科研人员、行政管理人员、后勤保障人员等。相应地，医界楷模也涵盖医生、护理、教师、科研、行政管理等各岗位的杰出代表。那么什么样的人才有资格被称为“医界楷模”？“医界楷模”的价值体现在哪里？

临床医生是医务工作者中最具代表性的群体。医学是人学，医生所医治的不仅仅是人的病，更是有疾病的人。一名好医生除了要有一副“科学脑”，还要有一颗“人文心”。因此，医德风范的优劣成为衡量与评价一名临床医生是否称职以及能否成为医生榜样或楷模的重要标尺。

2400年前，西方医学奠基人希波克拉底制定了行医的道德规范，至今每一位从医人员入学（职）第一课都要学习《希波克拉底誓言》并郑重宣誓；20世纪中叶，世界医学大会又据此制定了国际医务人员道德规范。由此可见希波克拉底医德思想影响之广泛与深远。“帮助或至少不伤害”和“对患者一视同仁”是希波克拉底医德思想的核心内涵。

在唐代，“药王”孙思邈所著《备急千金要方》中第一卷所列《大医精诚》，是中国古代医学典籍中关于医德的经典著作。《大医精诚》论述了有关医德的两个问题：一是医术精通，孙思邈认为医道是“至精至微之事”，从医者要“博极医源，精勤不倦”；二是诚心救人，要求医者要有高尚的品德修养，要“见彼苦恼，若己有之”“凡大医治病，必当安神定志，无欲无求，先发大慈恻隐之心”。因此《大医精诚》也被誉为“东方的希波克拉底誓言”。

当代中国对医生楷模也有很多论述。中国科学院、中国工程院资深院士吴阶平认为，中国的临床医学人才应当具有高尚的职业道德和深厚的人文素养，具备扎实的临床医学知识、精湛的临床技能、较强的专业能力，即解决实际问题的能力、临床医学思维能力、体察患者身心状态的能力及沟通能力，优秀的医学人才还要具备艺术服务的能力。

综上所述，可以大致归纳出医生楷模的特质，即医术精湛、成就卓越，医德高尚、不谋私利，有尊重科学、实事求是、敢为人先、敢医敢言的道德风骨和学术勇气。

所有医务工作者归根结底都是为人民服务、为患者服务的，所以医界楷模有共同的评判标准：一切以患者为中心，全心全意为患者服务，无私奉献，有利他主义精神，始终怀有对医疗卫生健康事业的热忱，具有高尚的医德医风，精湛的医术，并在医疗卫生工作中有卓越贡献。对于其他医务工作者，由于职能不同，楷模的标准自然也有所区别。护理楷模应具备为人类健康服务的敬业精神，对患者有高度的责任心、同情心和爱心；教师楷模应具有高尚的师德师风，勇担为党育人、为国育才、立德树人的根本使命和任务；科研楷模应在医学科学研究方面具有刻苦钻研、追求创新、敢为人先、无私奉献、勇攀高峰的科学家精神；行政管理楷模应是“三中精神”的代表，体现在具有广泛的群众基础，善于调查研究，为医院管理改革、服务临床一线作出突出贡献。在此规范标准下，能做到极致或比大多数人做得好，得到医学界人士的普遍认可，值得被同事、同行效仿的人，便可称为“医界楷模”了。

以北京协和医院的楷模为例，协和百年史册中，既有令人高山仰止的临床大师、教育大师、科学大师，也有推动医院管理变革、服务创新的管理大师、护理大师，同样离不开行政后勤岗位中敬业奉献的协和工匠。如医德高尚、心怀大爱的大医张孝骞、林巧稚，战火中仍心系家国、为国家培育高等护理人才的护理先驱聂毓禅，敢为人先、勇于创新的妇产科绒癌攻克者宋鸿钊，永远把患者放在心上的检验科技术员楷模王澎，走遍全院每一个角落，熟悉每一段下水道情况的、以院为家、代表着大国工匠精神的后勤师傅李全喜……这些医界楷模共同谱写了百年协和的璀璨篇章。

三、医界楷模的价值

谈到医界楷模，外有希波克拉底、南丁格尔、盖伦，古有扁鹊、张仲景、华佗、孙思邈、李时珍，今有林巧稚、吴孟超、钟南山……他们以高超的医术救治患者，以高尚的医德温暖人心。一代代医界楷模无不是对医学医术刻苦钻研、精益求精，立志救万民于水火之中，拥有崇高的医德医风。他们看的是病，救的是心；开的是药，递的是情。治病救人不为名利，只为救济天下苍生，成全医者仁心。

著名妇产科学家郎景和院士在纪念林巧稚医生的文章中写道：“一位市长的墓碑写这样一句话——‘如果你想寻找他的纪念碑，就请看看你的周围。’林大夫过世了，但是在我的心中，她就在我们周围。‘岂曰无碑，山河为碑，何用留名，人心即名’。”医界楷模的精神与事迹对医务工作者与医学生的思想与行为有巨大的导向性作用，对其医德品质的塑造起着无可替代的作用。医界楷模的价值在于为同行提供看得见的行为样板，使“见贤思齐”成为可能。医界楷模彰显了医学伦理规范，凝结了医师职业精神，建立了从医者必读和践行的范本。古希腊有句名言——“模范比教训更有力量”。当思贤、齐贤被医务工作者所实践并蔚然成风，他们会更加热爱本职工作、用心服务患者。楷模群像还可以塑造良好的医院形象，提高医院的公信力、知名度和美誉度，促进和谐医患关系的构建，引领健康向上的行业风气，形成良性的行业生态，甚至对全社会其他行业也产生积极的示范作用。

四、医界楷模的发掘与塑造

发现典型、发掘楷模并科学客观地认识是医界楷模塑造的前提和基础。一方面要全面了解医院典型人物的具体事迹，并透过事迹提炼和揭示楷模所内含的精神品质；

另一方面，在对医院典型人物全面认识的基础上，还需要通过由实践到认识，再由认识到实践的反复检验过程。

发掘医界楷模应做到政治性与人民性相统一。由于医界楷模是医学界主流价值观念的集中反映，在很长一段时间里，领导者通过考察人们学习、践行医德规范和原则的过程发现楷模，并通过自上而下的方式在医药卫生领域或全国范围内推广。现在，以科学理论为指导，在对传统方式批判继承的基础上试图寻求新的发现医界楷模的方式。针对丰富的典型人物资源，需要经常深入实际，深入群众的实践活动中，倾听群众的呼声，实地考察在群众中有良好口碑的榜样人物，进而发现、发掘具备良好群众基础的医界楷模人选。同时，还应该更多关注在重大考验面前，如重大突发公共卫生事件、支援老少边贫地区、重大医疗保障等工作中默默无闻、屡建奇功的值得群众学习及推崇的榜样。以自上而下的方式发掘的医界楷模更具有群众感染力、群体支持力和群众号召力。

树立楷模是医界楷模塑造过程的基础环节。树立医界楷模不是随机的，更不是随意的，要结合社会和时代的发展要求，通过对医务工作者高尚精神品质的提炼，对大批医界先进典型具有代表性事迹的总结，对医界先进典型的感染力和社会影响力的概括，以一定方式和渠道宣传和推广。从狭义角度上讲，树立楷模也是对楷模事迹进行传播和推广的过程。通过对医界楷模事迹的大力传播和推广，使在群众中、在社会上，拥有更广泛的影响力，进而使广大医学生和医务工作者学有榜样，赶有目标。

第二节　医界楷模叙事

一、医界楷模叙事的内涵

医界楷模的塑造与事迹传播，主要是通过医界楷模叙事实现的。医界楷模叙事，指医界楷模塑造与宣传，通俗来讲就是“讲述医界楷模故事”。医界楷模叙事的主体经过事实信息的核实、筛选，选择恰当的传播时间，选择有利于说明传播意图的信息，使这些信息有机地结合起来，并通过新闻手段加工、创制后形成新闻文本，才是受众真正面对的医界楷模叙事作品。医界楷模叙事追求的传播效果是塑造医院榜样、引领医界风气，最终形成积极向上的精神力量，使更多医院工作者自觉自发地凝聚价值观共识，并将之实践于日常工作中，更好地为患者服务，为人民服务。

二、医界楷模叙事的特征

（一）客观真实性

楷模叙事的魅力在于真实反映先进典型人物的社会生活，尽管楷模叙事是经过选择了的事实再现，但它反映的事实本源是社会现实。广大医务工作者的社会实践是医界楷模叙事取之不尽、用之不竭的“源头活水”。医界楷模叙事以真人、真事的生动图景形式，展现时代先锋、医界楷模思想境界的崇高、道德品质的高尚，给人以感动鼓舞、激励鞭策、积极向上的精神力量。医界楷模叙事蕴含的教育意义、道德和文化的规范作用，体现在“潜在道理”中，而并非是抽象形式的“说教”。“用事实说话”是医界楷模叙事的独特表达方式，是以事实吸引人、以情感打动人、以理性教育人、以典范引导人的价值符号。

（二）鲜明政治性

政治性是医界楷模叙事的首要属性和鲜明特性。所谓政治性，即医界楷模叙事要忠于和彰显中国特色社会主义思想，与社会发展历史进程一致，与国家主流意识形态一致，与马克思主义理论逻辑一致，以社会主义核心价值观为思想遵循和价值引领，进而把握社会主义核心价值观引领的“时、效、度”，在思想根源上正本固元，于不断解决现实道德生活的问题中开创新局面。

（三）彰显时代性

楷模叙事作为医界楷模文化的核心与灵魂，在历史进程中持续展开并不断进阶。楷模叙事出现、形成和延续发展的过程，深深植根于时代的土壤。一方面，医界楷模叙事要立足现实，植根于新时代的伟大实践，回应时代问题与现实关切，“为时代画像、为时代立传、为时代明德”。医界楷模叙事要致力于将一切彰显时代特质的叙事者、传播者、医界先进典型、传播媒介和环境等要素适切地融入进来，于时代更替中开放、拓展受众的叙事视野，达成叙事者及受众的视野交融与认知融合，增强医界楷模叙事的时代魅力。另一方面，医界楷模叙事不仅是各个历史阶段医界先进典型人物事迹、崇高医德精神的真实写照，而且是医学领域时代脚步的记录。不同历史时期的医界楷模叙事，折射出不同时期医学领域甚至社会的精神风貌与时代特征。

从延安时期到中华人民共和国成立前的医界楷模叙事，形成了以楷模推动工作的思想基础。主要运用“印证”方式，以医界楷模事例来论证党的主张，传承和发扬当时社会环境所需要的先进时代精神，用医界楷模的巨大感染力与影响力带动群众对党的方针、政策的理解，教育并引导群众。1939年12月，毛泽东写下了《纪念白求恩》一文，对白求恩的国际主义精神予以概括和高度评价。以毛泽东同志为代表的中国共产党人以根据地劳动模范的先进事迹，以及“毫不利己，专门利人”“全心全意为人民服务”的高尚道德鼓舞、教育、引导广大人民群众，哺育了一代又一代的中国医者。

中华人民共和国成立后至改革开放前，各行各业先进典型人物层出不穷，雷锋、王进喜、焦裕禄等名字响彻祖国大江南北。雷锋精神、焦裕禄精神、大庆精神等深入人心，成为指导、引领人们行为的精神向导。

改革开放后至21世纪初期，坚持社会主义制度和党的领导、服务于社会主义现代化作为评判医界楷模的首要尺度，即在坚持主导价值观念下回归规范性与精神向往的本质。

进入新时代，中央宣传部组织中央新闻媒体推出了一大批先进人物报道，医界楷模叙事进入新的发展阶段，较具代表性的医界楷模包括有“帕米尔医生”之称的新疆维吾尔自治区乌恰县人民医院院长吴登云，有“以医者的妙手仁心挽救生命，以实事求是的科学态度应对SARS（严重急性呼吸综合征）”的医学科学家钟南山，有“与患者肝胆相照”的著名医学家吴孟超，有中国首位诺贝尔生理学或医学奖获得者、药学家屠呦呦，有“七一勋章”获得者、高原医学事业开拓者吴天一，有“七一勋章”获得者、新中国胸外科事业的开拓者和奠基人辛育龄……这些医界楷模具有高度道德自主性、广泛社会认同性和强烈现实针对性。

除此之外，越来越多的基层医生成为医界楷模叙事的“主人公”，如“20年间在丈夫背上走遍方圆13平方公里、诊治五千名村民”的乡村医生周月华，“20年每周坚持出诊6天”的社区服务坐诊医生胡佩兰……同一时期，党中央提炼医界典型人物事迹，宣传先进人物和英雄集体所表现出的顽强拼搏、不怕困难、万众一心、战胜灾害的民族精神，如抗击“非典”精神、科学家精神等，激发了全国人民团结奋进的斗志，起到了鼓舞士气、舆论引导、榜样示范的作用，彰显出鲜明的时代特征。

2020年3月，国家卫生健康委办公厅会发布《关于进一步加强新冠肺炎疫情防控工作中公共卫生工作者感人事迹宣传的通知》，让“幕后战士”的抗疫故事被更多人铭记与传颂，凝聚打赢新冠肺炎阻击战的强大精神力量。2021年7月，在第四个“中国医师节”到来之际，中共中央宣传部和国家卫生健康委员会共同开展了2021年“最美医生”学习宣传活动，向全社会宣传发布2021年“最美医生”先进事迹，并公布了候选人名单。邢锦辉、吴安华、邱玲、汪四花、张颖、张忠德、赵扬玉、顾玉东、童朝晖、路生梅10名个人和医疗人才“组团式”援疆团队光荣入选。在“最美医生”身上，体现了在党的领导下卫生健康事业一切为了人民健康的根本立场，反映了一代代医疗卫生工作者传承红色基因、赓续红色血脉，以医者仁心书写护佑生命的动人篇章，激励我国广大医疗卫生工作者更加积极地投身于健康中国建设与公立医院高质量发展的新征程中。

（四）示范引领性

医界楷模叙事的叙事者期望医界楷模的事迹与精神熏陶、影响广大医务工作者，使他们自觉形成道德的、文化的规范力量，引导和带动广大医务工作者不断完善其职业人格，引领医疗卫生健康事业形成良好风气，从而更好地规范行业甚至社会发展方向。叙事者期待通过自己有选择的信息传递，使受众生发出一种道德的、文化的规范力量，让受众体会和感觉到社会认同的道德规范和价值规范，并且自觉地按照这种规范标准去解释社会现象和判断他人及自己的行为，根据社会公认的行为准则办事。医界楷模叙事既肩负医院文化建设的神圣使命，又是医界楷模叙事价值功能根本之所在。

2020年8月18日，在第三个“中国医师节”到来之际，习近平总书记强调，各级党委、政府和全社会都要关心爱护医务工作者，弘扬先进事迹，加强业务培训，支持开拓创新，帮助解决困难，推动在全社会广泛形成尊医重卫的良好氛围。在举国同心的新冠肺炎疫情阻击战中，以钟南山、张伯礼、张定宇、陈薇等为代表的一大批医界楷模，以感人的事迹和强大的精神感召力在全社会发挥着积极示范作用。

大医精诚、大爱无垠、甘于奉献、敢于牺牲的新时代医界楷模，既增强了广大医务工作者的职业荣誉感和价值成就感，激励更多的医务工作者全心全意为人民服务，也推动爱岗敬业、热情服务、奉献社会等职业道德在潜移默化中转化为医务工作者的工作习惯和行动自觉。同时，在“生命至上、举国同心、舍生忘死、尊重科学、命运与共”的伟大抗疫精神，“敬佑生命、救死扶伤、甘于奉献、大爱无疆”的崇高职业精神的引领下，医界楷模叙事应努力引导广大医务工作者将个人理想、人生梦想、事业追求与共产主义远大理想、中国特色社会主义共同理想、中华民族伟大复兴的中国梦相融一致；激励广大医务工作者坚持人民至上、生命至上，崇尚医德、钻研医术、秉持医风、勇担重任，努力促进医学进步，为建设健康中国，增进人民健康福祉作出新贡献，为实现“两个一百年”奋斗目标，实现中华民族伟大复兴的中国梦打下坚实的健康基础。

（五）丰富性与典型性相统一

医界楷模可分为医生楷模、护理楷模、教师楷模、科研楷模、行政管理楷模，那么医界楷模叙事可以细化为医生楷模叙事、护理楷模叙事、教师楷模叙事、科研楷模叙事、行政管理楷模叙事。随着医院工作职能的逐渐细化，医界楷模叙事的丰富性、针对性也逐渐显现，但楷模的根本是先进典型人物，所以医界楷模叙事无论分类有多少，典型性是基础而永恒的特征。叙事者在医界楷模叙事过程中，应将典型性与不同类别楷模有机结合，做到医院各领域皆有值得学习、效仿的榜样。

三、医界楷模叙事的方法

始终与时代同向、与人民同在、与社会同行是医界楷模叙事的鲜明品格和巨大优势。新时代背景下，医界楷模叙事要紧紧围绕政治为魂、受众为本、内容为王的发展方向持续深耕细作，目标是培养出“想国家之所想，急国家之所急，应国家之所需”的有使命、有理想、有担当的优秀医学接班人。

（一）政治为魂：以社会主义核心价值观为价值引领

坚定正确的政治方向，是医界楷模叙事的根本旨向。立足于新时代的历史方位，医界楷模叙事须始终坚守中国特色社会主义原则，以社会主义核心价值观为思想遵循和价值引领，与受众的日常生活紧密联系起来，将事关国家、民族主题的“宏大叙事”与医界楷模个体的微观视角融为一体。通过医界楷模叙事的教益性、可感性和丰富性说服人、武装人、引领人，使受众在道德情感上信服、诚服、悦服，自觉将自己的“小我”融入祖国的“大我”、人民的“大我”之中，在“小我”与“大我”的统一中，自觉规范自己的行为并积淀成信仰，更好地实现人生价值，升华人生境界。

（二）受众为本：树立以受众为中心的医界楷模叙事理念

新时代，医界楷模叙事要坚持受众本位，树立以受众为中心的叙事理念，深化对受众认知认同规律和接受特点的研究，融入受众，服务受众，依靠受众。融入受众是指医界楷模叙事与受众相贴近，关照受众工作生活实际，关注受众的理解力和承受力，使医界楷模叙事能够适切受众道德需求，契合受众意愿，与受众产生共情与共鸣；服务受众是指医界楷模叙事者站位要高，视野要开阔，格局要大，将现代叙事要素全部融入楷模叙事中来，使叙事作品有思想、有温度、有品质，为受众提供积极、健康和充满智慧的优质叙事成果，促进受众医德判断力、医德选择力和医德审美力提升；依靠受众意味着视受众为叙事过程的合作者、叙事情境的共同体验者、医德思想碰撞的对话者。优化与受众的交往方式，增强受众的参与感、体验感、获得感与价值感，依靠与受众进行平等对话、深度互动实现彼此间道德的共荣共生，达成医界楷模叙事灌输性和启发性的统一。

（三）内容为王：推进技术与媒介齐头并进的内容建设

内容是新媒体时代医界楷模叙事实效性获取的基石。医界楷模叙事只有继续在优质内容上深耕细作，才能持续引领和获取受众的关注力资源。医界楷模叙事应牢记内容建设是根本，坚持“内容为王”，将技术驱动与媒介融合作为“手段”共同探寻并触发医界楷模叙事的活力，为优质内容输出服务。

坚持政治为魂、受众为本、内容为王，不断增强医界楷模叙事的生命力、关怀力和感召力。促进医界楷模叙事行稳致远，更好地为人民提供精神指引，满足新时代人民对高品质精神生活的需求与期待。代表性作品如新华社记者李柯勇采写的通讯《张孝骞的遗产》，段文利等采写的通讯《刘彤华：七厘米载玻片上的医学人生》。

四、医界楷模叙事是医院文化建设的重要手段

医界楷模的成长有赖于良好的医院文化氛围作为基础。一些医界楷模在成长为楷模前，很幸运地成为医界楷模或者大医名医的学生，可以时时聆听老师们的教诲并在经年累月中受到大医风范与高尚医德的熏陶，耳濡目染，被“熏”出了优良的医德医风，为成为新一代医界楷模打下坚实的基础。

我国著名儿科学家、北京协和医院儿科教授籍孝诚的老师是中国儿科学创使人诸福棠教授，在《协和记忆：老专家口述历史》中，籍孝诚教授这样回忆恩师：“他（诸福棠）很喜欢孩子，上下班时间都是以孩子为准。有一次查房，一个患儿腹痛，我们怀疑是麻疹，就请他来看。他先去用温水洗手，然后轻轻为小患儿检查，转身跟我们说，这不是麻疹，是肠套叠。因为他的手法很轻，查体又仔细，所以很容易就发现是肠套叠。当时我就觉得这位老师真是不错，我要跟他学，后来就做了一名儿科医生。”北京协和医院外科学系老主任邱贵兴院士，带头讲人文课，主题是“大医精诚”；妇产科郎景和院士说，“医生给病人开出的第一张处方是关爱”；中央和国家机关工委优秀党员、著名风湿病专家唐福林教授，为了在门诊多看几个患者，午餐常常简单到一个烧饼、一杯酸奶。继承了老协和人风范的一代代协和人，在协和浓厚的人文氛围熏陶下，阳光健康地成长为有人文情怀的医学新秀。

在一代代医界楷模的感人事迹指引下，在医院文化熏陶中，年轻的医疗卫生工作者一步步成长起来。医务工作者职业行为得到不断规范，形成严谨、求实的作风，专业技能得到进一步提升，职业素养得到进一步加强，养成符合社会主义核心价值观的医德医风；受市场经济中利益至上等观念影响而导致的道德观、利益观偏差能得到及时修正。

医界楷模叙事是医界楷模文化的核心、医院文化的重要组成部分，是医院文化建设的重要手段。在医界楷模叙事的过程中，传播医界楷模的先进事迹与高尚医德，可以凝聚全体医院工作者的价值共识，进而为塑造医院独特的文化价值体系奠定基础。举办多种类文化活动，丰富并拓展医院文化的表现形式，使社会更加了解并关注医院，提高医院的知名度、公信力、影响力，进而为医院文化建设创造良性的外部发展环境，促进医院高质量发展。

第三节　医界楷模事迹的传播

一、医界楷模事迹的传播载体

随着传媒业态的发展，医界楷模叙事的传播载体正在从传统媒体向新媒体和全媒体转变。医界楷模叙事的传播载体主要有以下几类。

（一）文学艺术作品

文学艺术作品主要包括纪实文学、自传、画传、文集、人物通讯等。如为纪念中国现代医学先驱张孝骞教授，北京协和医院先后出版《张孝骞画传》及再版图书《张孝骞》，新华社刊发通讯《张孝骞的遗产》，以纪实性语言、生动的事例，图文并茂地展现了张孝骞为医学事业、为患者倾尽毕生心血。商务印书馆出版的《一生一事：顾方舟口述史》则以口述历史的形式，通过采访挖掘出一段段尘封往事，再现了“人民科学家”顾方舟心系祖国免疫事业的一生。《中国医学院士文库》分册之《刘彤华院士集》以文集的形式，收录了刘彤华院士的自传、学术论文、媒体报道及学生撰写的回忆文章，集中展示了刘彤华院士的学术成就和学术思想，集文学性和科学性于一体。

（二）影视作品

影视作品主要包括话剧、电影、电视剧、访谈、纪录片等。为庆祝中国共产党建党百年，2021年国家广播电视总局“理想照耀中国——庆祝中国共产党成立100周年”展播活动启动，其中电视剧作品《功勋》取材于屠呦呦等八位首批“共和国勋章”获得者的真实故事，以“国家叙事、时代表达”的艺术手法，用单元剧的形式，串联起他们的人生华彩篇章，礼赞功勋人物“忠诚、执着、朴实”的崇高品格，致敬时代楷模，以功勋人物的鲜明品格引领观众，激荡起受众心中身处和平年代的英雄情怀。2016年8月10日，中山大学附属第三医院党委丘国新书记邀请古财然、梁锦华、徐广坤、余步云、陈郁焜、李丽娟等老一代三院人齐聚一堂，开展撰写历史和开展口述史的采访，以凝聚三院精神，传播三院文化。为迎接建院百年，北京协和医院从2017年起设立了“老专家口述历史”这一被誉为“抢救性工程”的文化传承教育项目，目标是通过对协和老前辈的个人成长史、亲历的重大历史事件、见证的学科发展等进行文字、影像的采集和整理，记录和反映协和人秉承传统、励精图治、再创辉煌的奋斗史，梳理医院及各学科的历史脉络，钩沉传奇故事，挖掘和剖析协和百年基业长青的文化内涵，该项目产出的系列图文访谈录、纪录短片等受到社会各界广泛好评。

（三）主题活动

主题活动包括座谈会、评选会、表彰会、展览等形式。以北京协和医院、四川大学华西医院为代表的多家百年名院，通过建设院史馆、文化长廊，举办名家诞辰纪念会，构建了弘扬医院精神文化的平台、展示医院品牌形象的窗口和传承医界楷模精神的课堂。2009年8月18日，北京协和医院党委举办了一场在全行业产生广泛影响的主题教育展："协和永远不会忘记您——已故知名老专家、老院领导生平事迹展"，共展出了42位已故协和前辈的生平简介，他们中既有医学泰斗，也有护理先贤，还有为医院管理作出突出贡献的已故老领导。每一次为协和先贤举办纪念活动，不仅是对老一辈协和人高尚风范的追忆和怀念，更是希望借这种仪式将协和的精神代代传承。这些杰出的前辈不仅是协和人的杰出代表，也是全国医界的楷模。他们所代表的协和精神，不仅属于协和，更属于整个医学界、教育界和科技界，属于全中国人民。

2020年底，为叫响"人民军医"这个光荣称号，引领医务人员传承发扬人民军医优良传统，忠实履行人民军医职责使命，作为全军战略卫勤力量的中国人民解放军总医院，结合疫情防控任务复盘剖析，整合深挖优质资源，在全院深入开展"赓续红色基因、当好新时代人民军医"专题教育，弘扬光荣传统，铭记医者初心。2021年8月23日，北京友谊医院召开了学习"时代楷模"李桓英同志先进事迹报告会暨学习动员会，学习了李桓英先进事迹和崇高精神，激发了党员干部、青年人才创造力，弘扬了友谊人干事创业的奋斗精神。

（四）新媒体报道

新媒体平台主要包括微博、微信、客户端、视频号、数字报纸等。2021年11月11日，健康报发表原创文章《他们，是医者楷模》，宣传卫生健康领域的第八届全国道德模范事迹。这些医界楷模们既彰显医者仁心，也散发着人性光辉，不仅激励着广大医疗卫生工作者修医德、行仁术，也为全社会树立了道德标杆。2021年11月15日，北京朝阳医院"为榜样点赞"网络互动活动在微信公众号平台展开，号召广大医务工作者向榜样学习。北京协和医院每年编发院报近20期、约80万字；制作视频短片100余部；建成覆盖全院的近400个视频终端，创建"北京协和医院""协和医生说"新媒体品牌，并通过微信、微博等新媒体平台进行医界楷模事迹的推广传播，形成完善的医界楷模文化传播体系。

案例讨论

【案例】 2017年12月28日，北京协和医院举办“铭镌大医足迹 筑梦百年协和——张孝骞教授诞辰120周年纪念大会”。纪念大会分立志、不屈、开拓、大爱、赤诚、启程六个篇章，站在中国革命风起云涌到中华民族伟大复兴的跨越百年的时代大背景下，全面回溯张孝骞这位医学巨擘跌宕起伏而又波澜壮阔的一生，并通过张老救治过的病例的生动故事与讲述，阐释了“全心全意为人民服务的医德，是医务人员精湛技术的强大动力”的永恒主题。

“立志篇”中，四位协和青年医护人员声情并茂地朗诵了张孝骞在1919年出版的《新湖南》第一卷第一期中的“公共卫生设施之秩序”一文节选：“公共医学系民生”，并播放视频短片《结缘协和》。“不屈篇”通过视频短片《战乱西迁》讲述了张孝骞为中国医学一脉延续香火的故事。“开拓篇”通过一组老照片，回顾了张孝骞为群贤重聚协和所作出的巨大努力。“大爱篇”中，短片《张孝骞的“小本本”》《大查房》介绍了张孝骞教授一辈子坚持用“小本本”记录疑难病例的习惯，以及在张孝骞等医学大家的坚持下传承至今的协和大查房制度。短片《协和MDT》展现了张孝骞、曾宪九们在20世纪70年代起率先开始的疑难重症多学科协作诊疗模式（MDT）的探索。青年医生通过一例极为罕见的间叶组织肿瘤的诊断过程的真实案例，讲述张老通过仔细的查体和触诊找到临床线索并作出精确诊断。还有一位克罗恩病患者在现场讲述了与张孝骞教授结缘的故事。“赤诚篇”中，讲述人深情演绎了张老88岁高龄入党前后的日记节选。短片《入党》中，在鲜红的党旗下，耄耋之年的老人高举右手，铿锵有力地宣读入党誓词，作出了他内心深处对党和国家最深情的告白。“启程篇”中，58位协和青年医护集体朗诵《百年梦想 大医情怀》，不但表达了对张孝骞教授的无尽追思，更表达出协和人在新时代不懈努力奋斗的决心和信心。

“协和泰斗、一代名医——张孝骞教授诞辰120周年图片展”于同日开展。分为鸿鹄之志、协和尽瘁、砥砺前行、风范长存四个部分，展出了数十幅张孝骞教授生前的珍贵照片和文字。展览还精选张老生前名言，集中体现了一代宗师严谨治学、心系患者的大医情怀。

同时，大会通过人民网、新华网、央视新闻移动网、腾讯新闻、新浪微博、搜狐健康等进行同步网络直播，在线观看人数达24.2万人。

【讨论】 在此次大会中，共运用了哪些传播载体？分别起到了怎样的传播效果？对此次大会的环节设计、传播载体运用有哪些建议？

二、医界楷模事迹的传播要与时俱进

2013年8月19日，习近平总书记在全国宣传思想工作会议上讲话指出，要提高质量和水平，把握好时、度、效，增强吸引力和感染力，让群众爱听爱看、产生共鸣，充分发挥正面宣传鼓舞人、激励人的作用。为更好地传播新时代医界楷模事迹，更大程度发挥医界楷模的示范、激励、引领作用，应努力做到与时俱进，具体从以下几方面入手。

（一）突出时代性，挖掘医界楷模的时代精神

时代造就英雄，不同的社会时期，有不同的价值取向。医界楷模事迹的传播要注重挖掘楷模身上充满时代光辉的故事，注重从医界楷模事迹中探寻并深刻展示时代性和时代精神，使其成为新时代医务工作者职业精神的重要承载体，成为广大医务工作者想学、可学、能学的时代榜样。让广大医务工作者从医界楷模身上找到职业道德的基准，找到人生努力的方向，从而提升医界楷模优良医德医风的影响力、感召力、引领力。

（二）横向：多媒体角度协同发力

全媒体时代，面对不同领域、不同年龄、不同接受信息习惯的受众，要想实现信息全覆盖，就必须利用全媒体形态进行立体式传播，多媒体协同发力。随着媒体融合改革的不断推进，报纸、网站、两微一端、视频号、抖音号等全媒体矩阵同时发力，利用文字、短视频、图片、海报等多种形式实现联动传播，最大限度地扩大医界楷模的影响力。建立“一次采集、多次生成、多平台发布”的立体融媒体医界楷模事迹传播体系，为提升传播广度、宽度和深度提供制度和技术上的支撑。

（三）纵向：系列报道，连续发布

医界楷模叙事应顺应媒介发展的趋势，推动静态媒介和动态媒介、传统媒介和新媒介相融合，根据传播载体特质创新内容的表达方式、呈现方式和传播方式，推出形式多样的图解、图文、动图、音视频等跨媒介“优化组合”。在此基础上，依据医界楷模叙事报道内容、信息量、重要程度等因素，适时扩宽医界楷模叙事报道的时间跨度，可几日或几周报道一次，或是连续几日发布。但要注意的是，无论时间跨度长或短、连续发布时日多或少，都要考虑到受众的承受力、接受力。可以不断拓展并充分占有新渠道，将上述内容与报纸、期刊、网站、微博、微信、客户端、电子屏幕等传播载体深度融合，可适时转变系列报道使用的传播媒介，以免受众产生审美疲劳，削减医界楷模事迹传播的影响力，以此形成适应各种渠道传播的医界楷模内容生产体系，使

具有权威性及思想深度的内容在不同媒介间恰切地转换与流动，吸引受众的目光，满足受众高品质的道德文化需要。

案例讨论

【案例】北京协和医院“铭镌大医足迹 筑梦百年协和——张孝骞教授诞辰120周年纪念大会”定于2017年12月27日举行。官方微博于12月18日发布活动预告，19日发布张孝骞教授介绍词，27日发布线上直播二维码，邀请广大观众参与活动当天线上直播。“北京协和医院”微信公众号于活动当天发布了推送。2018年1月5日发布纪念大会的总结短片，对纪念活动进行后续报道。当时同时在微博视频号“北京协和医院”上发布活动现场小片之一:《张孝骞的“小本本”》; 1月8日发布活动现场小片之二:《协和MDT》; 1月11日发布活动现场小片之三:《入党》。

综上，从纪念活动开始前10天，到活动结束后14天，将近1个月的系列报道，使张孝骞的医界楷模叙事与事迹得到全方位、多维度的宣传与推广，达到了非常好的传播效果，是医界楷模塑造、叙事、事迹传播的经典案例。

【讨论】你认为此次大会楷模叙事的传播是否做到了与时俱进？具体是怎样实现的？如果你来负责此次大会的宣传策划及报道工作，你还有哪些更好的想法来增强效果？

三、医界楷模事迹的传播与医院文化影响力提升的关系

人才是医院最核心的竞争力，是医院发展、改革创新最宝贵的因素。人的成长进步，需要楷模的引领。立德树人，是医院文化建设的根本任务。楷模叙事是医院文化建设的重要组成部分，是立德树人最重要的手段，核心是讲好医界楷模故事。

医界楷模事迹传播与医院文化影响力提升，是相辅相成、互相促进的关系。一方面，医界楷模事迹的传播使医务工作者们加深对医界楷模精神和良好医德医风的理解与感悟，自觉以实际行动践行并向更多人传递，从而使越来越多的人接触并理解医界楷模文化，不知不觉中提升医院文化的影响力；另一方面，医院文化影响力的不断提升，可以为医界楷模叙事提供更为广泛传播的传播基础，使更多医务工作者接触了解医界楷模事迹，从而激发向楷模学习、规范自身职业道德行为的自觉性。

本章小结

医界楷模的塑造是医院文化的核心内容，医界楷模叙事是提高医院文化影响力的重要途径。讲好医界楷模故事，是时代性与政治性的统一要求，是国家与人民的共同呼唤。本章首先从楷模的概念界定入手，进一步探讨医界楷模的内涵与价值，发掘与塑造。其次，在医界楷模叙事的内涵、特征基础上，探寻医界楷模叙事的方法，理解其与医院文化建设的内在关系。最后，介绍医界楷模叙事的传播载体，并探讨在新媒体时代，如何与时俱进地进行医界楷模叙事传播，最大价值地发挥医界楷模的精神引领作用。

（董　琳　祝金晶　刘一涵）

参考文献

［1］侯增文.榜样的力量：社会核心价值观视阈中的典型报道研究［M］.北京：中华书局，2013.

［2］杨婷.榜样教育研究［M］.北京：中国社会科学出版社，2015.

［3］朱清河.典型报道理论应用与反思［M］.武汉：武汉大学出版社，2006.

［4］张琦.盖伦的医学伦理思想及其当代价值［J］.中国医学伦理学，2021（07）：887-892.

［5］龙卫国.全媒体时代典型人物报道的方法创新：以湘潭日报社对“七一勋章”获得者艾爱国等典型报道为例［J］.特别视点，2021.（09）：14-16.

第十章　医院品牌形象管理

学习目标

1. 熟悉　医院品牌形象的基本内涵和特征。
2. 理解　医院品牌形象的传播途径。
3. 领会　医院品牌形象的优化。
4. 把握　医院品牌形象的危机管理。

第一节　医院文化与医院品牌形象塑造

一、医院品牌形象概述

（一）品牌与医院品牌的概念

品牌（brand）一词最早起源于古挪威文字“brand”，意为“烙印”，指在财产上刻上无法磨灭的印记或印章的行为。目前，从狭义来讲，品牌就是“如何在消费者心中留下烙印”，是市场中自身的能力、功能、特点的记载，是一种品质和放心购买的担保。从广义来讲，品牌是某种产品或服务在消费者心目中的形象，借以辨认某种产品或服务，使之区别于竞争对手，形成差异竞争优势。

对于医院来说，品牌则包含医院的名称、标志、口碑、形象以及医疗质量、科研能力、社会地位等多方面因素，代表着一所医院的特色。医院品牌是医院在长期医疗服务、科研、教学等经营性或公益性活动中向公众提供的承诺，是社会对医院的综合价值取向。具体来说，医院医疗质量、人才素质、服务水平、管理水准、文化底蕴等有形和无形的资产都影响医院在社会大众心目中的知名度、信任度、美誉度和忠诚度。因此，如何打造成功的医院品牌形象是当下众多医院需要思考和解决的热点问题。

（二）医院品牌的分类

医院品牌是医院在长期的医疗服务、教学、科研等经营性或公益性活动中向公众提供的服务承诺和形成的产品特征，它包括文化品牌、技术品牌和服务品牌，其核心是技术品牌。

1. 技术品牌 作为医院品牌的核心内容，技术品牌建设就是通过高水准的医疗质量在社会公众中确立技术优势，让患者对医院的医疗质量充满信心。

2. 服务品牌 在医疗技术产品日趋同质化的今天，优质服务已成为医院赢得社会公众信任度和忠诚度的重要方面。医院服务品牌形象构筑策略，是指医院在符合医疗规范的前提下，从服务内容、服务渠道和服务形象等各方面突出自身服务特征，使患者感受到超越自己预期的诚挚服务，培育公众及患者的忠诚度。

3. 文化品牌 医院的文化品牌是指医院在发展实践中所创造和形成的具有自身特色的精神观念，是组织文化的自然体现，是组织成员所具有价值观和行为方式的共同趋向。建立特色鲜明的医院文化品牌，并充分利用各种途径进行广泛传播，能够外树患者对医院品牌的认同力，内聚职工对医院品牌的向心力，引发情感共鸣，从而形成强烈的品牌效应，为医院的发展建设提供永不枯竭的动力源泉。

医院品牌包含三个方面的内涵：一是美誉度，指公众对医院的赞誉程度，是对医院服务的认可；二是知名度，指公众对医院的知晓程度，知名度有好坏之分，已有的知名度并不一定是美誉度，只有好的知名度才会提升医院的美誉度；三是忠诚度，指公众（患者）与医院情感的密切程度，患者只有信任医院，才会关注医院的发展。树立美誉度是医院品牌建设的基础，扩大知名度是医院品牌建设的重要环节，培育忠诚度是医院品牌建设长期追求的目标。成功的医院品牌对于提升医院竞争力、实现可持续性发展具有战略性的意义和影响。从战略的高度塑造、培育医院品牌，已成为各级医疗卫生机构在市场竞争条件下的普遍共识。

（三）医院品牌形象的表现方式

关于品牌形象的研究，在企业管理领域已有较为成熟的理论。目前企业界广泛应用的品牌经营方法是企业形象战略或称企业形象识别系统（corporate identity system，CIS），即通过对组织的理念、行为、视觉等要素进行统筹设计和策划，塑造良好的形象，提高组织核心竞争力的方法。

医院作为社会组织的一类，也可以用CIS战略，从理念识别系统（mind identity，MI）、行为识别系统（behavior identity，BI）、视觉识别系统（visual identity，VI）三方面来打造和提升医院品牌，增强竞争力，促进可持续高质量发展。

1. 医院理念识别系统 是指在医院长期发展建设的实践中形成的、区别于其他医院而特有的激励自身发展的核心价值观、管理理念、战略定位等。理念识别是医院品牌构建的核心，是医院改革创新、稳步发展的内生动力和独特优势，对医院品牌形象塑造起着重要的指导、激励、规范作用，贯穿在医院所有工作内容中。医院管理者在塑造医院品牌形象时，既要关注患者需求，又要重视员工关怀；既要彰显医院公益性，又要调动医院职工的积极性，从医疗质量、技术、环境、服务及人文关怀等全方位塑造医院品牌形象，为实现高质量发展目标凝心聚力。

2. 医院行为识别系统　是一种动态的识别形式，通过一系列有目的的行为活动来表达和实现医院的发展愿景。公众往往从医院的医疗技术水平、医患沟通、医务人员精神风貌及行为表现等分析评判医院的品牌形象。因此，重视医院行为活动对其品牌形象有着积极作用。随着人民群众健康需求的不断增长，人们不仅希望在医院能看上病，还希望能看好病；不仅要求医院技术过硬，还希望医院内部环境优美、设施精良，就医体验好。例如，患者走进医院，既会从医院的建筑形态、就诊大厅、功能布局、病房环境及标识导引等方面观察和体验，也会对医护人员诊疗活动的规范性、服务态度、服务便捷程度等形成自身感受。它直接关系到医院的声誉，也是构成医院良好外在形象的重要因素。

3. 医院视觉识别系统　是一种静态的识别符号，通过特有的图案、声像等方式可视化地传达医院的精神理念，是医院品牌构建的形象化。一个强势高效的品牌形象一般拥有更直接、更凝练、更容易识别和理解的视觉表达，传播范围更广、效果更直接。通过对医院标志、员工服饰和建筑形象等的有力塑造，构建更加深入人心的品牌形象。随着传播技术和互联网技术的跨越式发展，品牌形象传播对医院公众形象的塑造发挥着越来越重要的作用。

二、医院品牌形象的演进历程

我国对医院品牌的研究始于20世纪90年代，陈同鉴、高金声、宗淑杰等一批卫生管理专家在我国先行开展医院文化研究，牵头编著出版了一整套医院文化研究丛书，为医院品牌研究奠定了基础。2000年，中国协和医科大学科研团队率先对我国医院品牌进行研究，由此展开了相对规范化的医院品牌研究。

研究初期，我国与国外研究大致相似，集中于医院建设品牌的合理性、可行性探讨，继而将品牌概念融入医院文化，形成医院品牌及品牌营销方法在医院的初步应用。2005年，庄一强等开展“中国首个大型医院品牌营销研究”，通过对全国11个中心城市的20家大型三甲医院的3924名患者及1815名员工进行随机抽样调查，以及对460名医务工作者的一对一深度访谈，为我国医院开展品牌相关活动奠定了坚实基础。2006

年，张澄宇发表《现代医院品牌建设的策略研究》，进一步提出医院品牌分类的多样性、成因的多元性、品牌价值的让渡性与医院人文特点的一致性4个特性。这一时期医院品牌建设刚刚起步，以技术品牌建设为主，大部分医院尚未开展品牌营销的规划和实施及服务品牌建设。医院对外宣传主要体现为通过报纸、电台、电视台等传统媒介进行专病介绍和健康知识教育宣讲等。

2007年，庄一强发表的《医院品牌评价研究》和王屹发表的《论市场经济下公立医院营销理念的加强》，标志着医院在品牌建设中进一步引入品牌营销。这一时期，医院为获得更好的社会效益，开始树立自己的品牌意识和经营方略，从名院、名科、名家三方面制定发展战略。通过改善医疗服务，提供更精湛的技术、更安全舒适的医疗服务，提升患者的信任感和忠诚度。医院有意识地加强与公共媒体之间的良好互动合作关系，有计划地加大整体形象宣传力度，积极宣传各种医疗动态、特色专科专病、成功救治案例、研究成果、发展理念、改革举措、新技术开展、新设备引进，在医疗市场中树立特色品牌，形成品牌效应，获得社会广泛认同。

2009年，中共中央、国务院向社会发布《关于深化医药卫生体制改革的意见》，更多的医院管理者意识到医院品牌建设是未来医院发展的必由之路，医院品牌的研究朝着适应国情的方向深入发展。新医改、融媒体、5G等新的环境因素逐步融入医院品牌建设。耿敏等的《新医改形势下医院品牌建设探讨》提出在新医改环境下，医院转变认知，强化医院品牌文化和创新产品服务建设，明确依照个性定位品牌。陈雪在《全媒体时代医院品牌文化传播新方略》提出随着全媒体时代的到来，医院对外宣传的方式呈现多元化，应针对不同人群采取不同的传播渠道和宣传策略，建立更为有效的医院品牌推广方式。这一时期“新媒体传播”“品牌传播”“文化品牌”成为医院品牌建设领域的焦点。一方面，医院管理者更加关注医院的品牌效应，提升品牌建设与医院高质量管理互为促进。品牌建设以文化建设为依托，在文化建设中塑造品牌，进一步加强医院的人才培养、技术特色、研究优势、服务质量等内涵建设，打造医院专属特色“品牌”，提升核心竞争力。另一方面，在融媒体环境下，医院结合自身的基础和发展环境，综合运用网站、报刊、微信公众号、微博、短视频平台等开展全媒体传播，探索适应自身特点的长效传播机制和工作模式路径。

三、医院品牌形象的特征

医院品牌形象是在多种因素的综合作用下，历经时间的沉淀逐步积累形成的，并非短时间内的结果。医院品牌形象的特征主要包括以下几个方面。

1. **主观性** 医院品牌形象是社会公众对医院的主观感受，必然受到评价主体自身价值观、思维方式、学历程度、个人性格等主观因素的影响，因而其形式是主观的，同一所医院在不同人心目中的形象有不同程度的差别。

2. 客观性　对一所医院来说，无论其级别、规模和采用何种品牌形象传播渠道，其品牌形象皆伴随着医院的建立而出现，伴随着医院的发展而不断完善。因此，医院品牌形象虽然是一种内化于评价主体的主观感受，但社会公众对医院的认知内容与评价却是一种客观存在。

3. 价值性　医院的品牌形象体现在医院对社会的影响力、业界专家及广大患者对医院的认同上。良好的品牌形象可以增强社会各界对医疗行业支持的信心，也可以为医院经营创造价值，是医院宝贵的无形资产。

4. 可塑性　医院品牌形象是伴随医院的发展步伐，由医院领导者、医务人员和社会公众共同塑造的。国务院办公厅2021年印发的《关于推动公立医院高质量发展的意见》中，强调了要建设公立医院高质量发展新文化，挖掘名医名家和先进模范事迹，讲述医院、科室历史故事，打造文化与精神家园等内容。医院可以通过经验理念和工作精神的提炼和传播、管理规划、院区设施和建筑的设计、选择适宜的宣传载体和渠道等措施主动塑造和传播医院形象。

5. 独特性　医院在理念、管理模式、特色专业、发展目标等方面的差异，会使这家医院形成不同于其他医院的风格与特色，在社会公众的心目中也留下独特的印象。

四、医院品牌形象的定位与设计

（一）医院品牌形象的定位

形象定位是指组织确定品牌服务的目标市场以及品牌形象特色的活动过程。医院品牌形象定位是医院品牌创建的基础，能够向患者准确地传递医院品牌的独特优势，是经过对医疗市场的分析，并结合自身医院的优劣势，确定一个与目标医疗市场有关的品牌形象的过程。成功的品牌定位会给医院带来忠诚的就医群体，这是医院得以生存和发展的重要基础。

品牌建设的最终目的是通过差异化的竞争策略，最大限度地提升自身竞争力。品牌化的关键是让患者感知在医疗行业中不同品牌的差异和就医感受，可以通过医院的品牌元素，即名称、标志、符号等不同组成部分实现该医院与其他医院的差异化，赢得竞争优势，带来更多的患者资产。例如，通过统一进行系统的视觉设计，能够更好地表达体现医院的精神追求和形象定位，从而形成一家医院区别于其他医院的独特的现代医院形象。医院在打造自身品牌时，应坚持患者导向原则、个性化原则、差异化原则和静态定位与动态调整相结合原则，明确功能定位、结合自身优势，制定差异化的品牌战略，创建个性鲜明的品牌形象。

（二）医院品牌形象设计

品牌形象的设计不能凭空想象，医院品牌一定要切合医院自身的实际情况，通过分析研判，结合自身的技术优势、医疗服务优势和人才优势才会使品牌定位真正的切实可行。医院品牌形象设计要以医院形象力分析为基础，提出不同风格的设计方案辅以相对应的设计阐述，通过品牌标识和品牌形象来突出强调与其他医疗机构的差异性，提高自身品牌的辨识度。医院品牌形象在塑造过程中要多方面考虑，内容包括价值观念、运营理念、文化精神等，可以从医院的院标、院旗、院训、院歌入手，统一医院的精神理念，塑造良好的文化形象，从而打造完整的医院品牌形象。

五、医院品牌形象与医院文化的适切

医院品牌形象设计理念的确立是医院品牌的核心，代表了医院品牌的特征，包括医院的价值、宗旨和精神等。医院理念可以通过医院标识、医院精神、广告语言和视觉识别系统来表达。

医院文化建设是提升医院软实力的重要举措，是促进医院品牌建设的重要方式，是支撑医院可持续发展的不竭动力。从某种意义上说，建设医院文化就是打造医院品牌的过程，也是打造医院品牌的途径。医院品牌依附于医院文化，如果说品牌是外显，那么文化就是内涵，品牌需要文化给予支撑，文化需要通过品牌来集中展现。

一所医院拥有了优秀的医院文化，即对其品牌形象的提升奠定了良好基础。首先，优秀的医院文化有利于提高患者满意度。满意度决定了患者对该所医院的忠诚度，满意度的上升对医院口碑的建立有着积极作用，能够帮助医院增强市场竞争力，打响品牌形象。其次，优秀的医院文化有利于提升医疗服务质量。医疗服务水平的高低与医院品牌密切相关，拥有优秀医院文化的医院往往更加激励职工追求高标准医疗质量和医疗安全，鼓舞职工以患者为中心，以为患者提供安全高效的优质医疗服务为目标。高水平的医疗服务质量帮助医院提升患者信任度和依赖性，为品牌形象的提升打好坚实基础。

医院品牌形象的树立能够帮助营造、巩固良好的医院文化氛围，反映医院文化特征。医院品牌有利于树立医院良好的社会公众形象。通过对医院品牌的建立，可以改善医院的公共关系和生存环境，取得社会认可与支持。一个品牌医院之所以能在市场上独占鳌头，其原因一方面在于医疗技术质量稳定并且非常可靠，有良好的医院信誉和优质高效的效劳；另一方面在于有良好的医院形象。借助于医院品牌，就医者会牢记医疗产品和医院，其在信任医院品牌的同时，使得医院的社会形象、市场信誉得到提升。随着就医者可以自主选择医院、选择医生，医疗行业打破了垄断，建立了平等、公正、公平的竞争机制，使得医院的品牌形象在很大程度上影响就医者的就医决策，甚至起决定性的作用，特别是在医疗技术趋于成熟或标准化之时。

第二节　医院品牌形象的传播

一、医院品牌形象传播的传播策略

近年来，医院管理者对医院品牌形象传播的关注度不断提高。为营造安全的医疗信息环境、畅通有效的医患沟通渠道、构建稳定和谐的医患关系，医院要从根本上转变“酒香不怕巷子深”的传统观念，将品牌形象的传播作为医院发展的重要组成部分和适应媒介化社会而衍生的时代责任和要求。

品牌传播是指品牌的所有者以品牌的核心价值为原则，选择广告、公关、销售、人际沟通等传播活动，将特定品牌推广出去，从而建立品牌形象，与目标受众进行的一系列关于品牌信息的交流活动。医院品牌形象的传播策略主要有以下方式与路径。

1. 以整合传播思维构建医院品牌形象传播新格局　整合传播源于整合营销传播理论（integrated marketing communication，IMC）。整合营销传播理论诞生于20世纪90年代初，由美国西北大学教授唐·舒尔茨（Don E. Schultz）提出，其核心思想是将传播内容进行整合，将一元化的品牌信息传递给目标受众。

（1）定位医院品牌内涵：明确医院品牌定位，从中提炼核心内涵和鲜明特征，并使用精练、具体的传播系统精准表达、广泛宣传，保证医院核心理念的一致性、深刻性和长效性，从而加深社会公众对医院品牌形象的认同感。

（2）医院和社会公众共同发力：融媒体环境下，传播者和受众之间的壁垒被打破，医院和社会公众的沟通日益深入，医院作为品牌形象传播的主体，要制定统一的形象传播战略，积极整合医院资源，围绕医、教、研、管等方面的特色优势，进行高效、系统的品牌形象传播；社会公众是医院品牌形象传播的重要力量，如就诊完成后，会对医院环境、医疗服务质量和水平等作出评价，并通过人际或网络传播出去。要重视与目标受众的沟通，营造医院和社会公众共同发力的局面。

（3）整合传播媒介：尊重目标受众的认知习惯，整合利用报纸、电视、广播、互联网等多种传播途径，形成行之有效的“广播有声、电视有影、报刊有文、网络有言”宣传模式，多渠道向目标受众传递医院品牌形象。

2. 以精准传播理念推进医院品牌形象传播的延伸 传统的传播方式受制于传播理念和技术条件，往往呈现“漫灌”态势。在大数据时代，应该充分运用信息技术精准分析，实现对目标受众针对性的靶向传播。

二、医院品牌形象传播的多元媒介选择

（一）传播媒介的演变与现状

媒介选择是医院品牌形象传播的关键环节。随着人类社会进步和科技发展，信息传播媒介经历了从口口相传、手写抄录到报纸、杂志、广播、电视、互联网、移动互联的发展变革。

报纸、杂志、广播、电视等传统媒体以其社会属性、公信力地位、普及量和悠久的历史，在信息传播中仍具有巨大的影响力和号召力。随着近年来智能手机的普及，移动网络+手机终端成为覆盖人群最广的传播媒介。融媒体凭借其渠道多样、受众影响广、高度交互性以及传播及时性的优势迅速得到了广大受众的青睐。

（二）医院品牌传播中的媒介运用

医院品牌形象的精准传播要基于对受众进行精准界定和细分，并在此基础上确定传播的内容、方式和载体，使受众便捷地选择适合的渠道获取所需信息。

1. 传统的宣传载体 与上述传统媒介相对应，院刊、院报、彩页、海报、电子屏、电视等都属于医院品牌传播的传统模式，目标受众群体以来院就诊患者，尤其是老年人为主，宣传范围、效果较为有限，但传统媒介极强的公信力使这类媒体的地位与作用依然不可动摇。

2. 多样化的融媒体 融媒体的传播模式为医院品牌建设提供了新的发展机遇，按媒体主体可分成自媒体和公共媒体两部分。

一般而言，微信、微博等具有“短、平、快”的特点，医院可充分借助自媒体平台结合时事发布重大事件、健康科普、就医指导等信息，吸引目标人群的关注和参与。医院可以通过微信公众号、微博、就医手机软件、医院官网以及央视频、抖音、快手等自媒体平台构筑立体化宣传网络格局，利用自媒体便捷性、及时性的特点，对突发事件及时传播发声，以丰富的日常宣传内容、轻松活泼的形式，增强对受众的亲和力。身处大数据时代，信息出现前所未有的汇聚，医院要抓准患者的“需求心理”，将品牌形象传播内容配合不同学科，打造品类丰富的传播体系，进而通过专业频道展开非线性传播，提高受众关注度。

公共媒体随着传播媒介的变革也在积极拓宽其传播渠道，全力打造融媒体状态，

包括新华网、人民日报等均在微博、微信、抖音、快手、今日头条等平台建立账户并进行新闻发布，同时建强自身的媒体客户端。中央广播电视总台大力建强手机电视和央视频平台等，打造“大屏”“小屏”互动的传播新格局。相比医院自媒体，其传播范围及受众更加广泛，内容形式更加丰富多彩。医院应与公共媒体建立良好的沟通，主动与主流媒体密切合作。医院宣传部门以提供线索及内容为主，从简单的转发转载医院自媒体文章到进驻各平台开办特色专栏，广泛宣传、深度报道医院的特色优势，扩大医院知名度。

案例讨论

【案例】北京协和医院行业翘楚品牌的打造与维护：在以“三基三严”为特征的优良传统和“严谨、求精、勤奋、奉献”的协和精神引导下，始终把对员工价值观念的引导、素质能力的培养和工作作风的熏陶放在首位。医院运用理念教育、典型教育和警示教育等多种方式，通过院史馆、病历展等多种文化载体，通过出版人物传记、举办医学大家诞辰纪念等活动，让大家学有榜样、行有楷模，让员工感悟“忠于科学的事业精神和忠于人民的奉献精神”，把“敬佑生命、救死扶伤、甘于奉献、大爱无疆”的职业精神内化为全体员工的价值追求、外化为自觉行动。2021年，在建院100周年之际，医院以系列院庆活动为契机，进一步提升医院品牌形象的传播力和影响力。举办庆祝北京协和医院建院100周年大会；精心策划编著系列图书，向读者充分展示在党的领导下协和医院的百年奋斗历程；建好院史馆、病历展等多种文化载体，通过广泛的宣传报道进一步强化文化传承、弘扬协和精神、彰显医院品牌。

【讨论】北京协和医院品牌形象的主要特征与内涵是什么？

三、医院品牌形象的美誉度与患者口碑

美誉度作为“公共关系学”中的名词术语，指的是社会公众对一个组织赞许和称誉的程度。口碑建立在人际交流的基础上，是口碑传播者向口碑接受者传递的对于某种产品和服务的感受，被誉为“零号媒介”，具备针对性强、可信度高、传播成本低的特性。好的品牌美誉度来自于消费者的口碑传播。口碑有好坏之分，已有的口碑不一定形成美誉度，只有正面口碑才会成为美誉度。因此，医院品牌形象建设的最终目标是通过良好的服务质量和水平，获得公众的正面口碑，正面口碑不断地累加，形成高

美誉度。

提升医院品牌形象的美誉度是吸引患者的重要举措，更是新形势下医院赢得市场竞争的重要途径，有助于提升医院的社会效益和经济效益。医院品牌形象的形成所面对的主体主要分为两方面：一是宏观层面上的“人”，即社会公众；二是微观层面上的人，即医院职工及患者。

1. 以患者为中心，提供高质量医院服务 医院的技术品牌和服务品牌是医院发展的核心竞争力。从患者角度出发，重视提升诊疗水平，改善患者就医体验，让患者感受到医院人文关怀，使满意的患者成为医院的忠诚患者，再通过这些忠诚患者的口碑影响其他患者的就医选择，从而获得患者对医院品牌的美誉度。

2. 以员工为根本，关注员工感受 员工是医院可持续发展的关键因素，也是提升医院品牌形象的内生动力。医院要始终坚持以人为本，加强干部队伍建设，营造人人皆可成才、人人尽展其才的发展氛围；要坚持塑造员工的人文价值观，提升思想境界，弘扬先进典型，增强员工“以院为家、爱院如家”的归属感和责任感，并将其转化为工作的主动性和创造性，从而将人文关怀和温暖更好地传达给患者。

3. 以社会责任为己任，打造百姓信赖医院 提升医院品牌形象绝非一日之功，不应仅着眼于医疗服务质量和运营状况，应积极履行社会责任，重视打造公益性、普惠性的医院品牌形象，从而增强医院品牌的吸引力。医院尤其是公立医院应坚守公益属性和社会属性，以创建百姓信赖医院为目标，摆脱“利益补偿”“利益驱动”怪圈，塑造弘扬“敬佑生命、救死扶伤、甘于奉献、大爱无疆”崇高职业精神的品牌形象，实现医患双赢。

第三节　医院品牌形象的危机管理

一、概述

医院品牌形象是社会公众对医院的一种整体看法和评价，是医院品质的体现，其危机的主要表现为负面舆情。随着融媒体时代的到来，多元化信息在短时间内就可能出现裂变式传播，舆情的监测、引导、预警和管理策略备受关注。通过研究医院舆情形成原因和管理工作特点，探究医院在现有医疗体制下建立务实高效的危机管理办法，可以为医院品牌形象发展营造良好、有利的舆论环境。

（一）舆情的相关概念

舆情即“舆论情况”的简称，舆论指公众关于现实社会以及各种社会现象和问题所表达的信念、态度、意见和情绪表现的总和。

1. 医院舆情　指公众对于医院的看法和评价，由于医疗行业的特殊性，医院往往是舆情高发场所。舆情根据性质可分为正面、负面和中性，导致医院品牌形象出现危机的多为负面舆情。针对各类医疗热点问题事件，公众在互联网中的讨论极易被放大并导致负面舆情的产生，使得医院乃至医疗行业形象遭到抹黑。医院舆情的主体可以是医院管理者、医院职工、患者、患者家属以及其他社会公众。患者是医院舆情的重要主体之一，其满意度直接影响医院品牌形象的构建和优化。

患者满意度是由患者主观判断获得的卫生服务满足其需求和期望的程度，即指人们基于健康、疾病、生命质量等方面的要求而对医疗保健服务产生某种期望，对所经历的医疗保健服务情况进行的一种评价。通过患者满意度与医院品牌的调查研究发现，较低的患者满意度势必会影响医院品牌形象的打造与升级，这一结果也为医院品牌建设之路敲响了警钟。

2. 网络舆情　指公众依托互联网针对某一现象所表达的意见等。随着手机等智能终端设备的广泛应用，民众可在网络上更加自由地发表言论，使得各类信息在网络上迅速辐射扩散，微博、微信、抖音、知乎等平台日益成为大众发表意见的聚集地。在这样的环境下，记者和媒体界限愈发模糊，任何一个触及公众诉求的观点出现，便可能会在短时间内发生裂变式传播，给本就处在相对敏感领域的医疗卫生系统带来极大考验。不同于传统意义上患者就医后填写的纸质反馈表格，网络舆情已成为今日卫生健康系统收集患者就医体验和观点的主要来源，成为改善提升医疗服务质量的重要决策依据。

（二）医院负面舆情产生的原因

1. 体制与管理不足

（1）分级诊疗制度尚未形成合理稳定的就医格局：问题集中在医疗资源分配不均、民众科学素养参差不齐、公众对基层医疗卫生机构的认可程度普遍偏低等方面。在此环境下，无论是三甲医院还是基层医院常常无可避免地成为社会舆情的焦点。

（2）医疗系统特殊性：医疗服务关乎民生之根本，医疗系统、医生职业有自己的特殊性和敏感性，与大众切身利益息息相关。一旦出现医疗系统重大变化、就医体验、医疗事故、医患关系等话题，公众极易产生共情，从而导致负面舆情的产生和快速扩散。

（3）医院核心文化及管理方式未兼顾院内外不同主体：医院的核心是临床工作，临床工作归根到底是为了患者，医院核心文化是影响医院管理方式的根源，医院出发点是否是“以人为本，一切为了患者”直接决定患者的评价。同时，医院管理应兼顾院内外不同主体，管理方式直接影响员工幸福感，体现并影响医院文化建设水平，进而影响患者满意度。

（4）负面舆情应对能力不足：部分医院管理者对于舆情工作缺乏大局意识，将舆情管理工作局限在单一部门内，各部门配合不足，导致无法有效应对负面舆情。有些医院舆情管理主责部门的舆情应对机制处理较为缓慢，通常在网络上负面舆情已经掀起波澜时，仍没有及时采取有效的措施，只有在领导下达指令后才开始应对，此时已经错过最佳公关时期。

2. 医患双方沟通不畅 医患双方立场和认知不同是导致医院负面舆情发生的重要原因之一。舆论的传播扩散与网民的个人定位和理解水平紧密相关。患者到医院就诊，希望得到最彻底的治疗，获得最周全的服务，医生则会从专业角度出发尽最大努力为患者治疗，但有时仍无法根治所有疾病，同时医护人员和医院职工的沟通能力和沟通技巧参差不齐，面对广大患者各类诉求，医院很难一一满足，进而引发矛盾，如无法适时解决，便有负面舆情发生的风险。

3. 其他因素 如互联网环境造成的信息共振。据统计，截至2019年6月，我国网民规模达8.54亿，其中手机网民规模达8.47亿，占比高达99.1%。随着手机等移动终端的普及，公众在互联网平台传播信息更为便捷，网络舆情成为舆情中最活跃、最尖锐的部分，出现暴发式传播的可能性也大幅增加。同时，由于各方信息获取途径不同、立场不同、个体差异等，导致各方信息具有偏差性，医院舆情主体会根据自己所获取的不同信息给出不同的看法和评价，进而影响医院品牌形象。随着互联网的普及，各类自媒体涌现，网民话语权空前自由，但由于互联网法律道德约束力较弱，群体性盲从与冲动现象较多，涉及隐私、谣言、偏激和非理性言论等不当言论较易被传播。很多遗留的网络舆情，在当时看似无足轻重，但当突发紧急舆情事件时，便会成为佐证，进而成为“压倒骆驼的最后一根稻草”。

二、医院舆情监控与风险化解

由于医疗制度、行业运行、伦理道德等原因，医院成为负面舆情的“重灾区”。医疗卫生服务事关千家万户，是人民群众健康获得感、安全感、幸福感的重要载体，即使一位患者的个案亦会引起全社会广泛关注。统计显示，医院舆情主要集中在医患沟通、就医体验、医疗纠纷、科研诚信、接诉即办、行风建设、票贩问题以及不法机构的虚假宣传信息等。舆情管理是一所医院危机管理的重要内容，关系到一所医院的品牌形象和综合实力，医院如何合理利用“舆情工具”维护和提升医院品牌形象成为现代医院管理的重要方面。

（一）医院舆情监控

随着网络舆情不断发展为反映社会舆论的重要组成部分，各大公立医院亟须借助新媒体手段及时掌握相关舆论信息，积极应对舆情所反映的问题，为维护医院品牌形象筑好牢固屏障。

1. 医院舆情监控范围　从主体上看，包括医院舆情主体在各种渠道发布的各类医院相关看法和评价；从监控渠道上看，除院内常规渠道接受的投诉外，还包括所有公开网络平台，如全国性新闻网站、行业类网站和区域类重点网站及境外网站，覆盖新闻、微博、微信公共号、论坛、贴吧、博客、搜索引擎、手机软件、纸媒、问答、视频等。

2. 医院舆情监控评级　根据舆情涉及的人群、话题性质、总体热度，参考医院所关注舆情的优先级别及对舆情信息的重要性、敏感性、影响范围、来源等因素的系统综合分析，舆情分为一般舆情、紧急舆情、紧急重大舆情三类，并建立细化指标体系进行监控。

（二）医院舆情工作特点

1. 突发性　网络舆情具有突发性、直接性的特点，医院事物也具有临时性和突发性的特点，不同主体随时可能在网络平台发布个人观点和评价，共同导致医院舆情工作具有鲜明的突发性。

2. 传播内容不确定性　融媒体时代，人人都是自媒体，与医院相关的任何一段文字、一张照片、一段视频等都有可能成为传播内容，医院自媒体管理难度空前增大。同时，由于信息的不对称性，医院舆情具有一定程度的偏差性。自媒体时代，很多医务工作者成为意见领袖，在各大平台发布自己的观点和看法，得到网民高度关注。这对于医院品牌声誉和舆情管理既是风险也是机遇，如何合理管理用好这部分资源是当下医院舆情工作的重点和难点之一。如果能够合理利用、加强员工个人与单位宣传部门的协同合作，可在遇到舆情风险或重大宣传节点时形成合力，事半功倍。

3. 舆情监测及风险处置滞后　当下，医院舆情工作仍属于事后处置，对于已产生的负面舆情风险处置仍停留在“封堵删”阶段，以消除负面影响为主要目的。融媒体时代背景下，传统的“封堵删”方法早已不适用。一方面，信息的网络传播辐射面广，删不尽、堵不完；另一方面，不从源头上治理，单纯靠封堵忽视网络民意，只会导致矛盾加剧，将本可及时解决的问题变成潜在风险。

4. 舆情管理片面化　当下医院舆情工作仍停留在监测层面，被动应战，将舆情工作等同于负面舆情监测，主动性难以发挥。事实上整合社会舆论，据此改善医疗服务，以实际行动回应民生关切，不仅促进补齐医院管理短板弱项，还能够营造互助友爱的医疗氛围，构建和谐医患关系。如何高效收集、分类网络舆情，做好负面舆情防控预案，完善处置机制，指导医院各项常规工作，是当下医院舆情工作应当关注的重要方面。

5. 专业人员不足，舆情监测效率低 医院无法达到政府部门的舆情体量，多自行监测或针对不同业务需求选择相应的单一服务商合作。多数医院采用被动应对方式，出现紧急舆情问题后临时寻求第三方协助，导致舆情应对效率低下，浪费人力，且无法及时研判舆论走向。长此以往，不仅日常舆情处理不及时，一旦碰到紧急突发事件，管理部门无法做到从容应对，极易变成重大舆情事件。

（三）医院舆情风险化解举措

1. 制度上，建立医院特色网络舆情研判预警系统 将舆情工作前置化，成立舆情工作专项小组，主动收集舆情监测信息，实现对舆情信息的分层分类管理，减少疏漏。加强预案口径梳理，加强事前风险预判，将负面舆情化解在隐患阶段。

2. 组织上，强化医院舆情工作组专业技能 舆情工作不是“单打独斗”，全院所有可能发生舆情的相关职能部门和临床科室负责人应共同合作形成舆情处置联动工作组，优化内部流程，将可能成为公开舆情的日常信息在舆情专项工作组内同步分享，完善舆情告知和处置预案机制，为舆情可能波及的部门提供有效信息和应急预案。准确角色工作定位，舆情专员是舆情管理者，是协调统筹方，确保立场中立、避免情绪化；如无突发负面舆情，则应利用好舆情平台进行监控和研判，定期汇总整理常规热点舆情并形成报告，为医院决策提供支持。提高舆情专员专业技能，面对侵权、虚假信息应强硬回击，必要时可公开发声，以避免给患者和医院造成更大伤害；面对医院内部服务不到位或系统性疏漏造成的网络舆情，应尽快查清问题原因，从快速解决实际问题的角度与患者沟通，以良好的态度回应和解决，及时消除负面影响。

3. 执行机制上，根据舆情风险评级形成相应管理预案 将舆情按照紧要程度分级。对于重大舆情事件，应建立应急工作小组，一旦事件发生可随时展开工作；对于紧急舆情事件，应及时分析网络舆情观点、分布情况、舆情走势、传播路径等，制定危机应对预案，统一口径；一般舆情属地化管理，找出问题根源，联系主责部门确定统一口径，视信息扩散程度，以官方账号在合适的范围内予以回应；针对医疗系统重大变化或医院重大政策调整，成立专项工作组及时监测和应对，化被动为主动，积极应对突发情况。

4. 多途径做好医院信息的告知和公示，规避信息不对称风险 负面舆情的发生多数情况由信息不对等引起，医院门诊部、医务处等相关部门需将所有患者来院就诊的相关内容在线下显要处对患者充分告知，如在门诊入口处将挂号官方途径、今日出诊信息等展出，在收费处将可能引起争议的收费细则或变动明确公示。同时，充分借力外部专家和媒体资源，对于可能引起患者不满的流程性、系统性及其他患者关注的内容，在内部统一口径后，提早对外发出，医院官方账号和其他专家、媒体的平台同步扩散，广而告之，疏导潜在舆情压力。

三、医院品牌形象优化策略

融媒体时代下，“单打独斗”“被动应战”的管理模式已难以为继，应站在全局和战略角度统筹医院舆情管理，持续改善医疗服务，提升医院硬实力，促进医院各项业务良性、可持续发展，构建和谐医患关系。

1. 充分发挥舆情决策参考作用 利用大数据和先进互联网技术，24小时全网实时抓取敏感词条及事件，针对舆情紧要程度提前准备合理处理意见，避免事态恶化；针对整个医疗系统及本院一段时间内热门舆情事件进行整合归纳，根据不同舆情的表现形式，对事件进行概括统计、褒贬义分析、舆情趋势分析、各类观点分析（网民观点、媒体观点、专家观点、“大V”观点，甚至外媒观点）、传播路径分析、舆情解析、舆情处置建议等。对开展舆情防控和处置进行追踪监测，实时评估、判断处置效果，为进一步决策提供可靠依据。多维度分析医院舆情工作方向，针对社会关注度高的事件，避开争论矛盾，利用热点，开展医院品牌推广。受人力和技术限制，必要时积极与第三方合作。

2. 医院掌握舆论阵地主动权 医院成立专属自媒体联盟，整合内部资源，筛选出活跃在各大平台的在职专家加入医院自媒体联盟，形成维护医院品牌声誉的强大合力。联盟成立后可规范利用各自自媒体平台传播医界正能量，树立医生个人及医院良好公众形象，同时规避风险。面对突发舆情或重要事件，联盟成员可统一步调、快速响应，避免偏激失实言论扩散。如遇媒体危机事件，可掌握舆论主动权，避免集体失声或被动回应。

3. 舆情管理助力医院品牌形象优化 互联网是一种“高维”媒介，传统媒介的“低维”方式无法有效地管理和运作“高维”媒介的事务，精英化的生产方式已不能满足人们日益增长的多样化需求。医院应积极主动面对舆情，合理管理利用舆情，及时正向发声，利用舆情信息不断自我监督，改善医疗服务，加强医院全方位建设，使舆情管理成为提升医院品牌形象的助推器。

4. 整合优质资源，强化医院核心文化建设 未来基于互联网逻辑的媒介发展主流模式是具备开放、激活、整合和服务属性的“平台型媒体”。在日常的工作中，医院应整合各方媒介平台资源进行医院品牌形象宣传，将医院“以人为本”“人民至上”“生命至上”的核心文化贯穿于品牌形象宣传的始终，加强先进诊疗技术的应用及成果展现、科技创新探索与成果展示、典型人物宣传、和谐医患故事等正能量传播，塑造医护人员正面形象。

本章小结

随着医药卫生体制改革进入深水区，市场经济条件下医疗卫生行业的竞争不但是医疗技术和先进设备等的竞争，更是医院品牌形象和发展战略的竞争。医院的品牌价值生发于传播中，传播是医院品牌形象塑造的主要途径。本章旨在帮助学员认识医院品牌形象的基本内涵和特征，了解如何科学构筑医院品牌形象的传播途径，探究医院品牌形象的危机管理，理解医院品牌形象与医院文化建设的双向影响机制，从而不断提升医院的社会形象。

（焦　静　王　璐　管　淳）

参考文献

[1] 鲁建华，柴慎华.CIS在公立医院品牌构建中的应用［J］.经营管理者，2018（08）：76-77.

[2] 耿敏，周典，胡晓，等.新医改形势下医院品牌建设探讨［J］.安徽医学，2012，33（03）：346-348.

[3] 陈雪.全媒体时代医院品牌文化传播新方略［J］.智库时代，2019（38）：65-66.

[4] 王静.打造优秀医院文化提升医院品牌形象［J］.世界最新医学信息文摘，2016，16（99）：180-181.

[5] 顾琦静，陆彩凤，顾斌，等.文化品牌在医院文化传承与创新中的功能作用：以新华TV为例［J］.中国医院，2015，19（01）：50-51.

[6] 赵波.新媒体时代三级公立医院网络舆情管理策略研究——基于八例医疗舆情案例［J］.中华临床医师杂志（电子版），2020，14（10）：840-842.

[7] 徐俊.打造医院服务品牌，不断提高患者满意度［J］.江苏卫生事业管理，2019，30（12）：1610-1612.

[8] 陈欣，张桂云，律苗，等.关于对公立医院网络舆情监测工作的实践与思考［J］.中国数字医学，2020，15（02）：39-41.

[9] 喻国明.互联网是一种高维媒介［J］.教育传媒研究，2016（1）：39-41.

第十一章　医务社会工作与医院志愿服务体系建设

学习目标

1. 掌握　医务社会工作与医院志愿服务的运作。

2. 熟悉　医务社会工作与医院志愿服务的异同。

3. 了解　医务社会工作与医院志愿服务的由来；医务社会工作与医院志愿服务在健康中国战略下的新发展方向。

一、概述

医务社会工作最早在西方国家萌芽发展，随即在我国先后经历了医院探索、国家推动、行业实践、创新驱动等阶段，同时期我国各类志愿组织日益壮大，志愿服务日益广泛发展，围绕医疗活动开展的医院志愿服务应运而生，最后形成了医务社会工作和医院志愿工作之间的相互融合。现阶段呈现“医务社会工作+医院志愿工作”的服务形式，在构建和谐的医患关系中发挥不可替代的重要作用，其在健康中国战略背景下，也具备前所未有的机遇和挑战，丰富了医院的内涵。

（一）医务社会工作与医院志愿服务组织的由来

在英、美等国，医务社会工作已经有200余年的历史，医务社会工作已经成为现代健康医疗体系中的重要组成部分。医务社会工作在西方国家的发展主要经历了从最初的依托社会资源，在医师管理指导下开展医务社会工作服务，到与医师展开合作共同服务患者，再到管理权逐渐由医师转移到医院，由医疗机构承担医务社会工作者及医务社会工作服务经费等几个重要阶段。

1921年，北京协和医院社会服务部的成立标志着我国医务社会工作的开始。随后医务社会工作发展经历了医院探索、国家推动、行业实践、创新驱动等阶段，形成了医务社会工作和医院志愿者工作之间的密不可分。20世纪80年代后期，我国萌生出最早的有组织的志愿服务活动。1993年底，共青团中央开始组织实施中国青年志愿者行动，中国志愿服务进入了有组织、有秩序的阶段，志愿服务事业获得飞速发展，成为党和国家现代化事业的重要组成部分。青年志愿者行动实施以后，各类志愿组织日益壮大，志愿服务日益广泛发展，其中围绕医疗活动开展的志愿服务，即医院志愿服务应运而生。

（二）医务社会工作与医院志愿服务组织的使命

医务社会工作与其他社会工作一致，都需要遵守社会工作的基本价值和伦理，在服务过程中树立以患者为中心的服务理念，以人文主义精神为根本进行社会工作服务，满足生命关怀的需要。首先，医务社会工作的基本职责是扶助患者及其家属，增强患者对医院环境的适应性，协调患者与医疗系统的关系，制订出院计划和跟进服务，开展健康教育与防病治病，协助解决患者因患病导致的经济、心理、社会问题，改善他们的生活状况与健康状况，提升医疗服务质量，共同构建和谐的医患关系。

根据中国社会的历史经验和欧美等国家和地区的国际经验，医务社会工作是解决医患关系结构性紧张状态问题的最佳方法，是世界各地行之有效和国际通行的基本做法，是现代健康照顾体系与医疗服务现代化的重要衡量标准，其基本职能是改善医患沟通关系，改善公民生活状况，提高个人福利与社会福利，进而营造和谐的社会环境与社会关系。在构建和谐的医患关系中，医务社会工作扮演举足轻重的角色，发挥不可替代的重要作用。医务社会工作和医院志愿服务，能够满足患者多层次的服务需求，建立新型和谐信任合作的医患关系，提升了患者满意度、增强了患者就医获得感，提高医疗服务效率，树立医疗机构良好社会形象。

（三）医务社会工作与医院志愿服务组织的特点

我国社会工作广泛分布在社会福利、社会救助、减灾救灾、公益慈善、优抚安置、社区建设、扶贫开发、就业服务、教育辅导、卫生服务、司法矫正、人民调解、人口计生、信访调处、青少年服务、残疾人服务、为老服务、婚姻家庭服务等领域，具有跨行业、跨部门、跨所有制和高度分散的特点。

医疗单位的社会工作者，简称医务社工，是一种职业。而医院志愿服务依托医院志愿者运用专业知识及实践技能，在医疗机构及公共场所自愿为社会和他人提供专业医疗相关服务和帮助。两者均在补齐医疗服务体系短板、缓解医疗纠纷和弘扬医务工作精神中发挥了桥梁纽带作用。

在卫生服务领域，医务社工的界定有广义和狭义划分。广义的医务社工泛指在健康服务相关领域中就业的社会工作者，医务社工对个人防病治病、改善健康状况，建立健全现代健康照顾体系，提高生活质量和发展社会福利，促进宏观经济发展、提高综合国力和构建和谐社会作出巨大贡献，医务社会工作与学校社会工作、司法社会工作等共同致力于社会福利发展，医务社工的社会角色举足轻重。狭义的医务社工主要指在卫生医疗系统中工作的社会工作者。微观层面上，医务社工主要扮演服务提供者、个案管理者、辅导者和服务倡导者角色。医院社会服务部和医务社工是现代健康照顾体系的重要组成部分，他们与医生、护士、其他医疗技术人员携手合作，组成专业团队，扮演专业合作伙伴角色。

医务社会工作与医院志愿服务的概念实质体现在基本特征的不同：医务社会工作的主要特征，一是与医疗卫生系统的服务融为一体，二是以服务对象的健康作为核心和主导，三是以患者为中心的服务理念，四是注重服务手段的专业化；医院志愿服务的三个基本特征为自愿性、无偿性、公益性，精神内核主要体现在奉献精神。随着医务社工和医院志愿者逐步融入医院系统中，与医疗服务更为有机的结合，两者的特点有所相汇交融。

二、医务社会工作与医院志愿服务体系的运行

现阶段，随着医务社工和医院志愿者逐步融入医院系统中，与医疗服务更为有机的结合，呈现了以医务社会工作为主导的“医务社工+医院志愿者”的服务形式。虽然实践中一般将志愿者服务归并于医务社工的职能范围之中，但两项工作在运行中有交集，也有分野。医务社会工作涉及医疗服务、健康教育、医学研究和行政等领域，主要提供院内服务；而医院的志愿服务体系有两个分支，一是以医务人员为主体的走出医院面向社会开展志愿服务，承担突击性的社会救助、救护服务和社区健康服务等工作；二是以社会志愿者为主体的走进医院在院内为患者开展志愿服务，疏导患者因疾病引起的心理问题、在病区组织开展健康促进与健康宣传活动、增加医患沟通等。两个分支的志愿者工作有分有合，互相补充，互相促进，使医院志愿者服务的运作日臻完善。

医院社会工作部对医院志愿者服务进行管理、指导，通过加强组织领导，保障志愿服务，工作资源整合和切实推进，一般成立以医院党政一把手为组长，其他相关职能部门负责人为成员的志愿服务工作领导小组，加强对全院志愿服务工作的统筹规划和院内外志愿服务资源的有效整合。以导出型志愿服务为基础，拓展志愿服务双向互动辐射半径，以导入型志愿服务来宣传医疗志愿服务的文化和内容，引导院外志愿服务个人和群体加入医疗志愿服务的团队，促进院内社会志愿服务增量，形成资源共享的“双向互利”局面。

社工支持志愿者根据医院及患者需求开展服务，但也要倡导院内志愿服务的独立性、创造性。医院志愿服务管理机构的设立应以社会需求为契合点，为院内外爱心人

士搭建服务平台，让院内志愿者有途径、有基地借助医疗专业所长服务社会，服务人民；同时也为社会志愿者利用医院平台关怀病患弱势群体提供稳定、安全的服务场所，逐步建立并完善导出型和导入型相结合的志愿服务管理，探索志愿服务活动新形式，围绕“志愿育人”的核心思想，通过“医教+志愿服务”协同实践育人模式，利用科研手段验证，逐步形成较为常态化、专业化的志愿服务长效机制，这种结合医院利他文化的创新医院志愿服务可扩展服务群体、实现成果推广。

同时，可将志愿服务文化引入医院文化建设。志愿者提供及时、有效、便捷的人文服务，一方面深入贯彻了《进一步改善医疗服务行动计划（2018—2020年）》文件要求，另一方面弥补了医院人力资源的不足，是弘扬奉献、友爱、互助、进步文化精神的有力促进。因此，院内志愿服务的利他回报/福利机制设计也十分重要，譬如来自社会的感恩福利、来自医院的培训福利、利他循环福利等，构建以医院为载体的志愿育人运作体系值得关注。

三、健康中国战略与医务社会工作及医院志愿服务

健康中国战略给医务社会工作和医院志愿服务带来了前所未有的机遇和挑战，医院要力争在时代内涵、服务价值、活动机制、育人功能、区域整体发展、公益战略等方面取得新突破，推动医务社会工作和医院志愿服务高质量发展。

（一）丰富医务社会工作和医院志愿服务的时代内涵

以往的医务社会工作和医院志愿服务主要关注个体的医务社会问题，而在健康中国战略和大健康理念的视角下，更需要从社会、国家的角度整体上去关注医务社会问题，聚焦在实施医防融合、提升健康素养、应对老龄化社会等“大医务”社会问题上。面对健康新时代，医务社会工作和医院志愿服务要丰富时代内涵，对接国家健康战略和老龄化社会趋势，以健康为导向，不断丰富医务社会工作和医院志愿服务的时代内涵，助力健康中国建设。

（二）提升医务社会工作和医院志愿服务的价值

医务社会工作和医院志愿服务的联动更能实现角色互补和专业结构互补，更能提升服务的价值。医院在开展服务活动前要做好顶层设计；选择患者和社会急需的活动主题；开展充分发挥专业优势的服务项目；组建稳定的专业志愿服务队伍，由资深专家担任导师，指导青年医务工作者和医学生开展志愿服务活动；开发包括岗前服务、新项目培训等志愿服务者培训模块；定期对各志愿服务队伍进行服务质量考核，实行志愿服务质量闭环管理。

（三）构建医务社会工作和医院志愿服务活动的新机制

医务社会工作和医院志愿服务应当纳入医院的服务体系，要将服务活动常态化，用长效激励机制来保障服务活动的长期开展，把医务社会工作和医院志愿服务职能纳入医院社会工作部等部门的工作职责，成为医院的正常业务工作，并配备一定的人力、场所、资金等等，并将医务社会工作和医院志愿服务工作作为医院的考核指标之一。

（四）发挥医务社会工作和医院志愿服务实践的育人功能

“健康中国”背景下的现代医学正在从“以治病为中心”转向“以健康为中心”，青年医务工作者和医学生需要通过大量的医务社会工作和医院志愿服务实践活动不断树立大卫生、大健康理念，增强医学科普观念和医学传播能力，在诊疗疾病的同时做好医学科普传播等疾病预防工作，实施“医防融合”，为公众提供全方位全周期健康服务。开展医院青年志愿服务活动还应该在顶层设计上以岗位临床核心胜任能力作为目标导向，让青年医务工作者的职业素养、知识技能、患者照护能力、沟通合作能力、教学能力、终身学习能力等在志愿服务中得到提升。医院应不断探究“以健康为导向”的医学教育改革，遵循健康服务特点和医学人才成长规律，实施可复制、可推广的“医教+志愿服务”协同实践育人模式，着力培养一批基于国家健康战略和社会服务需求的复合型医学人才。

（五）推动医务社会工作和医院志愿服务区域的整体发展

医院的医务社会工作和医院志愿服务优势各不相同，同一区域内的医院可以寻求卫生健康行政部门或地方共青团组织的支持，依托高等医药院校成立区域医务社会工作和医院志愿服务机构，整合政府、医院、医药院校、企业和社会等资源，形成医务社会工作和医院志愿服务共同体，开展全域性服务活动，推动区域医务社会工作和医院志愿服务整体发展。

（六）实施医务社会工作与医院志愿服务的公益战略

开展医务社会工作和医院志愿服务活动，一方面可以完善医院的服务体系，另一方面是医院承担社会责任的重要途径，同时可以作为医院服务的公益战略来实施，把服务活动延伸到社会、边远地区和弱势群体，联合企业和公益平台，开展大型健康类公益项目。把医务社会工作和医院志愿服务与医院形象、文化建设、青年思政、医德教育等方面工作结合起来。同时，依托可视化的志愿服务形象标识，实现志愿服务项目的品牌化，便于大众了解和推广社会工作和志愿文化，增强志愿服务项目的亲和力和感召力。

案例讨论

【**案例**】2011年12月5日，义工“幸福银行”在广东医科大学附属医院成立，成为国内首批医务社会工作志愿服务组织，依托高等医学院校背景及医学专业优势，创新社会工作模式，弥补短期化的志愿服务和医院服务体系的不足，探索一条针对医学生的实践育人模式，以公益弘扬为导向，助力健康脱贫攻坚为目的，打造了一支以党员义工为引领，医务社工为指导，医学生义工、医护义工及社会义工三者协同的健康促进与医学科普传播队伍。

截至2022年6月，在医务社工的带领下，义工“幸福银行”累计注册义工8468人，服务群众逾40万人次，医学科普传播受众超过1500万人，服务总时长超21万小时。义工“幸福银行”充分发挥平台和资源优势，服务于医院临床专科建设，建立义工服务站（院内、院外）43个、义工服务队23支，成立26个病友会，常态化开展40个健康卫生日等一系列健康公益服务活动，设有大病救助服务平台、医普惠明工作室、百岁老人爱心服务基地，院内面向患者及患者家属开展导医导诊、护送陪检、探访陪伴、健康宣教、义教义剪、链接社会资源等常规服务；院外深入社区、乡镇、学校、企业及机关面向社会大众开展医学传播、专项义诊、临终关怀等健康服务，打造本土特色服务品牌。

其标识（图11-1）是由四个心形造型组成的蜜蜂形象，象征着义工的勤劳与热情，奉献与收获，幸福与真爱。中间方形造型代表银行，其中白色飞翔的海鸥，是广东医科大学附属医院院徽的象征，表明标志的属性。四个爱心，分别代表“奉献、友爱、互助、进步”的义工精神，同时也借喻四叶草，代表“希望、付出、真爱、幸福”。标志下面是八个蜂蛹造型，“勤储爱心，乐享幸福”八个字既是义工“幸福银行”的宗旨，也是对义工的鞭策。义工“幸福银行”的特色如下。

图11-1　义工“幸福银行”标识

扫码学习
相关内容

扫码学习
相关内容

1. 全国首创“可储存、可支取、有利息”志愿服务绩效兑换机制　①时数存储：义工“幸福银行”的核心在于“奉献–回报”间的良性循环，借鉴“银行”特有的储蓄功能，义工完成项目工作后，其服务时长将被记录到个人“幸福存折”中，并不断累积。②幸福兑换：“银行”可以“存钱”，也能“取钱”。义工可根据自身星级及类型，用累积时长兑换医学生学习机会、免费体检等相应回馈。此外，义工亦可将累计的服务时数“转赠”给指定“受益人”。

2. 创新医务社会工作人才岗位联合培养模式 通过与广东医科大学人文与管理学院建立合作关系，聘请社会工作专业教授作为指导老师，在医院社会工作岗位上联合培养专职医务社会工作培训师，加强医务社工队伍建设。依托双边共建社会工作人才培养基地，既把社会工作理念和方法融入义工服务与管理的各个细节，也将医学专业知识及操作贯穿社会工作培训课程中。

3. 创新医务义工的组织形式 服务范围从医院内辐射至社区、福利院、特殊学校、中小学、企业、政府机关及扶贫村等，初步构建“高等医学院校－院本部－社区、乡镇或企事业单位”三级医务社会工作服务网络。通过“1+4”五工联动医务工作服务模式的开展，探索公立医院如何发挥主观能动性，自主培养医务义工队伍，为各地医务社会工作更好地发展提供可行的实践经验。

4. 创新“医院＋企业＋基金会＋社工服务”大病救助服务模式 打造广东医科大学附属医院大病救助服务平台，引驻官方公益平台以及社会力量三方合力参与大病救助，通过大病患者个人求助、公益平台链接社会救助、医院病友服务体系，提供统一、快捷的资源调度、信息链接、求助申请、社工援助和决策支持等专业服务，实现大病联合救助、精准帮扶，携手助力粤西地区医疗公益事业的发展。

义工“幸福银行”以党建引领健康服务为主线，搭建“小支部、大健康”的工作架构，不断深化“大健康”内涵，培育基层党建工作特色和品牌，将志愿服务融入国家健康战略、融入健康城市建设、融入医学人才培养，不断拓展志愿服务体系，持续在志愿服务、医学科普、健康促进、实践育人、大病救助等工作中提质增效，义工“幸福银行”实践项目被载入《敢为人先——改革开放广东一千个率先》大型文史资料，并入选教育部公共管理教学案例，是广东高校唯一入选“大潮起珠江——广东改革开放40周年展览”的项目，获“全国党建工作样板党支部”“教育部2020年高校思想政治工作精品项目”“2017年全国十大健康科普先进奖”“2020年度健康传播最佳案例”等19项国家级荣誉。2017年9月，义工“幸福银行”的核心团队在全国首开“医学传播学”课程，2019年，义工“幸福银行”健康促进社的“移动生命线——公交急救宣教项目”荣获“第四届中国青年志愿服务项目大赛”金奖。

未来，义工“幸福银行”又有新的目标。义工“幸福银行”将在广东医科大学健康促进与医学传播学研究所、广东医科大学医学传播学教研室的支撑下，围绕社会服务、科学研究、人才培养、文化传承创新和国际交流合作这大学五大职能，推动健康政策、健康文化、健康中国行动的落地落实，助力“医防融合”的普及普惠，形成创新医学教育的新理念、新内涵。

【讨论】结合医务社会工作与医院志愿服务的基本理论，阐述义工“幸福银行”的案例为何成功？

本章小结

本章通过介绍我国医务社会工作与医院志愿服务的发展历史，对比学习认识了医院志愿服务的基础体系，认识到医院志愿服务的主要使命是更好地改善医患关系，掌握医院志愿服务自愿性、无偿性、公益性的基本特征，以及健康中国战略下医院志愿服务发展的新方向。通过与实际相结合的医院志愿服务的经典案例，激发学员如何将医院文化、医学和人文相结合进行志愿服务的思考。

（王双苗）

参考文献

［1］孟馥，王彤.医务社会工作与医院志愿者服务实用指南［M］.上海：文汇出版社，2011.

［2］陈涛，巫磊，何志宇，等.中国社会工作与志愿服务的发展［J］.广东工业大学学报（社会科学版），2012，12（04）：31-37.

［3］张晓红.提升全社会志愿服务认知［N］.光明日报，2020.12.17（05）.

［4］彭柯，商明敬，赵宇.构建医院志愿服务体系的思考［J］.医学与哲学（A），2018，39（07）：60-63.

［5］冯丽，郗晓艳，杜玉开.老龄化社会背景下的医院志愿服务研究综述［J］.中国社会医学杂志，2016，33（05）：421-424.

［6］邓菊英.医务社会工作与医疗志愿服务联动机制的实践研究［J］.医学与哲学，2020，41（10）：43-45.

［7］陈艳舒，简璐诗，林颢，等.创新义工服务模式 构建和谐医患体系——以全国首家义工“幸福银行”为例［J］.现代医院，2018，18（03）：316-319.

第十二章　患者组织与自我教育

学习目标

1. 掌握　患者教育组织中的叙事宣泄与叙事赋能。
2. 熟悉　疾苦境遇中的患患关系。
3. 了解　患者组织的类型与管理现状及未来发展方向。

第一节　疾苦境遇中的患患关系

在临床上，人们更多地关注医患关系，强调医患共情，其实，患患关系、患患共情也是十分重要的医院文化话题。和谐的医患关系离不开共生的患患关系的支撑，它是公众理解医学、医生、医院的土壤，也是医院品牌建设的“晴雨表”，可以说，没有温情的患患关系，也就不会有和顺的医患关系。因此，花气力理顺患患关系，就是在擦亮医院的服务品牌。

一、深切认知“同病相怜”所迸发的生命能量

人常说“同病相怜”“病友情深”，背后有着深刻的智慧、细腻的情感纽带、丰富的精神内涵。相怜、情深的前提是同病、同感、同悟，相同的疾苦感受，难受、想哭、折磨、煎熬、度日如年、身心俱焚的体验，更容易消弭人际关系中的疏离感、陌生感，建立起临时的亲密关系，甚至缔结成为一个苦难抗争的共同体。共，即共通、共情、共享、共荣、共生、共识，互嵌/互鉴/互动；同，即同行、同好、同根、同心、同德、同呼吸/共命运。由此派生出患患之间在治疗上的相互交流，困境中的相互声援，绝望中的齐声呼号，随后组团自救、抱团维权等，达成从“同病相怜”到“同病相连”的转变。在医学社会学看来，同伴抚慰最能走进心灵，同伴支持（peer support）的情感与意志、知识与信息的互通可以弥补专业救助难以覆盖的角落。由此看来，医院管理者，相关科室主任、护士长，以及主治医生都应该感受到患者诉求

的叠加和力量的汇流，主动关注，因势利导，及时接纳并回应由“相怜”迸发出来的集体诉求，继而加以有效组织，引导他们朝着积极的方向奔流，如果不加引导，甚至漠视这些集体诉求，就会压抑同病相怜可能滋生的正能量，陷入悲伤的叠加效应而不拔。

二、开启患者疾苦体验中的“积极心理”

人们都知道“星星之火，可以燎原”的道理，在疾苦深渊里、漫漫长夜里、漆黑的隧道里，与疾病抗争并获得胜利的“积极心理”犹如忽明忽暗、丝丝缕缕的微弱星火，如何让其燎原，需要改造火床，或炉膛，让更多的星星之火汇聚在一起，才能相互加热，相互取暖。虽然说家庭是照护的温床，但承担照护的家属并非同患者一样，他们的怜惜出自同情、亲密的感情，却并不是亲身体验，不仅有隔膜，而且难以克服照护的心理疲劳的破坏效应，导致“久病床前无孝子”，此时，抗争中的“坚毅病友”更能够给予心理鼓励和意志支撑。一句私房话、体己话，一个共同体征、预期改善的解读，都是寒夜里的篝火，照亮患者的心扉。

积极心理学着力于建构激越又平衡的人格特质，通过自我管理、自我导向和有适应性的整体愿景开启生命逆境中的疗愈曙光。回溯积极心理学的六大美德、24项积极心理品质中，有许多品格要素可以作为患者组织行为的基本内核，如智慧和知识向度中的开放、学习、洞察力，勇气向度中的真诚、勇敢、坚持、热情，仁慈与爱向度中的友善、爱、社会亲和力，正义向度中的公平与团队精神，修养与节制向度中的宽容、谦虚、自律。患者组织就是苦难境遇中导入这些美德的“大学校”。

无疑，疾苦中的彷徨展现出明显的“马太效应”，即情绪极不稳定，具有双向性，所谓“好的更好，坏的更坏”，病友之间存在积极心理与负性心理的纠缠，如何区隔它们，过滤消极心理，实现积极心理的单向激发是一门艺术。这也给患者群体的心理干预提出更高的要求，项目要素、路径、方法、评估都需要精细化的运筹、严谨的推进与管理。

三、从森田疗法中汲取集体疗愈的动能

“生活发现会”是一种集体森田疗法，以强调患者间相互启发、相互支撑为基本特征，可分为地区性集体座谈会和学习会。森田理论要求人们把疾苦烦恼、忧伤等当作一种自然的感情来接纳，不要刻意去排拒它，否则就会导致内心世界的激烈冲突。如果能够顺其自然地接纳所有的症状、痛苦以及不安、烦恼等情绪，默默承受和忍受这些带来的痛苦，就可从被束缚的机制中解脱出来，达到“消除或者避免

神经质性格的消极影响，而充分发挥其正面的‘生的欲望’的积极作用”的目的。因此，森田疗法强调不能简单地把消除症状作为治疗的目标，而应该把自己从症状纠结的泥潭中解放出来，然后重新调整生活。不期待立即消除各种负性的症状、体征，而是学会带着负性的症状、体征去正常生活。如同置身于厂矿、铁道旁的噪声环境中，一开始难以忍受，焦躁不宁，但是，如果放下焦躁去聆听，就可以细分出噪声中的低频、中频、高频的音带来，并从噪声中捕捉到韵律、节奏，仿佛在欣赏一部交响曲，于是心态就会相对平静下来，逐渐接纳噪声，并在噪声中生活、休眠。

第二节　患者教育组织中的叙事宣泄与赋能

叙事医学的原理阐释了疾病不只是一个生物学事件，还是一个精神事件，无言的查体，缺乏叙事，患者不能理解疾苦事件的意义。临床医学必须向叙事求教，让疾苦的承担者（患者）成为讲述者、疾病的诊疗者，干预者也要成为倾听者、共情者、分担者，不仅关注疾病的生物学指标、疗效的获得，还要关注身心社灵的颠簸和颤抖，关注疾苦的历程和情节的变化。

对于患者来说，疾苦叙事与生命书写对于自我疗愈、社会疗愈都具有非凡的意义，前提是要搭建患者组织，让积郁的情绪、感受有宣泄平台，重新赋能，不管是怎样的痛苦与苦难都要写出来、说出来、分享开来，因为只有生命故事可以抵达生命的彼岸（真谛），只有接受生命，才能疗愈生命。其次，故事是一种自见，可以让患者看见不一样的自我。说/读/写故事，可以转化（移）躯体痛苦，是一种疗愈的美学；还是一种彻悟生命的途径，可以重新获得支撑的力量；创造一种生命的链接（同情-共情），找回人性的根本，重新抒写生命。

癌友会就是这样一个实验平台。无疑，癌症是一场人文休克，癌症意味着健康生命可能不久将终止，意味着要忍受痛苦的巨大煎熬，此时需重新审视人生，重新规划人生，癌症意味着死亡（生命）倒计时的开启，意味着社会身份的破碎，意味着个体心理的崩溃、意志的瓦解，意味着个人或家庭财富的破产，意味着爱欲的隔离与剥夺。疾苦叙事，情感意志故事的领读与分享，可以实现相互激励，相互帮助，完成心理疏导与意志激励的任务。

第三节　患者组织的类型与管理

一、患者组织的类型

常见的患者组织类型有癌症病友会、癌友读书会、慢病（高血压、糖尿病、慢性阻塞性肺疾病等）联谊会等。按照组织职能进行区分，患者组织可分为沟通型患者组织、培训型患者组织和多方合作型患者组织。

（一）沟通型患者组织

沟通型患者组织主要是围绕沟通目的而建立的，旨在共同学习探讨专业医疗知识，交流病情进展，互相获得心理慰藉，方便病友及家属交流等。沟通型患者组织是患者组织的基本形式，大部分患者组织都具备沟通这一职能。

沟通型患者组织又进一步分为医患沟通型患者组织和患患沟通型患者组织。需要注意的是，二者的职能既有重叠部分，也有显著差异性。二者均强调以与患者密切沟通为中心开展患者健康管理工作。不同的是，在医患沟通型患者组织中，强调以医患沟通为主导开展沟通工作，医务工作者基于自身专业的医学背景与患者就病情进展和康复情况进行耐心沟通，倾听患者的诉求，并为患者提供专业科学的健康管理指导；而在患患沟通型患者组织中，患者与患者间的沟通交流将在其中扮演主要角色。如癌症病友会、各类慢病联谊会等都属于这种类型。患者们会依托此类患者组织举办各种类型的疾病康复经验分享会等活动，互相借鉴彼此在与疾病斗争过程中的经验，互相勉励及寻求心理慰藉，增强抵御疾病的信心。

（二）培训型患者组织

培训型患者组织指的是基于某类特定病种，由医务工作者或具备专业医学知识背景的权威第三方为患者或者相关从业者提供专业培训的组织类型。目前较为常见的培训型患者组织有肿瘤患教专员等。患教专员是实现个性化患教服务的关键人物，在慢病管理中承担中枢协调者的功能，他们需要熟练应用患教中心丰富的疾病教育资源，配合医生的医嘱，制订并实施患者教育计划，指导、督促患者进行慢性病自我管理，评估管理效果和调整患者教育计划。

（三）多方合作型患者组织

多方合作型患者组织是我国近年来在推动建设以“患者为中心”的临床实践，助力实现“健康中国2030”的宏伟目标基础上成立的一种新型患者组织。该类型患者组织依靠社会各界的多方协作和共同支持，以期为患者提供标准化的治疗和高质量的全病程管理，有利于帮助患者组织实现越来越专业和规范的发展，实现患者利益最大化。当前，我国的多方合作型患者组织分为患医政企、医患社工、医患义工三种类型。

患医政企多方合作型旨在凝聚政府、医疗机构和企业三方力量，促成此三方合作模式建立，力求将服务患者纳入政府政策、企业研究生产中，推动以患者为中心的临床实践。患医政企多方合作型是贯彻落实“将健康融入所有政策当中去”政策理念的必要产物。我国患者在患病期间普遍第一反应是直接去寻求医疗机构和医务工作者的帮助，但这样的解决方案是十分局限的，许多疾病的治疗及康复受多方作用和影响，需要多方共同努力。例如，针对某些罕见病，政府要制定相关医疗和医保政策，医药企业要控制治疗此疾病相关的用药价格，医院则要控制如何用药、住院报销等。因此，医政企三方是环环相扣、不可分割的。

医患社工多方合作型是指在服务患者的过程中，充分发挥医务社工在医生和患者间所起到的桥梁作用，通过医生、医务社工和患者三方联动，共同推进患者的疾病治疗和康复进程。医护人员和患者及家属间往往由于本身医学知识水平差距较大，存在信息不对称的问题，加之所思考问题的角度不同，因此在日常沟通过程中往往会引发医患关系紧张和矛盾。医务社工为既了解医学常识，又懂得社工专业和管理学知识等的复合型人才，不但能够充当医患矛盾冲突的润滑剂，促进构建和谐医患关系，还能为患者提供必要的心理援助和人文关怀，为患者的就医诊疗提供其他力所能及的帮助，如为经济困难患者申请医疗救助，或提供患者后续出院保障等。同时，对于医护人员而言，医务社工参与诊疗团队的工作能够有效缓解医护人员工作压力，成为医护人员重要的左膀右臂。因此，医患社工多方合作型有利于形成患者、医护人员、医务社工“三赢”局面。

医患义工多方合作型是指在服务患者的过程中，凝聚广大医务义工的力量，发挥义工无私奉献的服务精神，促进和谐医患关系构建，为患者提供力所能及的援助和人文关怀。义工与医务社工的区别主要包含以下两点：其一，义工在时间上、劳动力上都是无偿的；其二，义工无须有专业的知识、技术、从业资格证书等，加入义工团队的门槛较低，因而能够为患者提供的帮助也较医务社工更局限。此外，医患义工多方合作型有利于培养义工的社会责任感和爱心，并且有助于形成爱心储蓄的良性循环，促成友好型社会的构建。

二、患者组织的运营管理

（一）患者组织的功能定位

积极宣传疾病知识，促进社会和公众对病友群体的了解与尊重；协助医疗及科研机构对病友群体所患疾病的临床治疗、医学研究和药物研发；为病友提供平等互爱的交流平台，不定期组织见面会等交流活动，增强患者对治病的信心和治疗依从性，提升患者满意度；凝聚更多的同病病友，为他们对接所需的商品或医疗服务；促进治疗后的随访，对治疗方法进行观察总结，改进治疗方法，及时发现问题，在合适的时机采用适当的措施对患者进行干预和解决问题；维护病友群体在医疗、教育、就业、关怀等方面的平等权益，推动有利于病友群体的医疗社会保障相关政策出台。

（二）患者群体的评估

首先要掌握疾病的群体数量、年龄分布、发病率及生存率等基本信息。了解患者群体的特性及工作生活状况，是否有内容产出能力，如从患者视角科普疾病知识、分享自身治疗经历；是否渴望和同病患者讨论病情、获得认同，是否有新药试用机会争取等服务支持的需要；因病休养空闲时间较多、有一定的专业特长等。这可以为患者组织后续优质内容的产出和成员的扩充奠定基础。

（三）搭建患者组织的运营体系

根据患者组织的形成结构，整合多方资源，挖掘骨干患者的特长和热情，充分发挥医务人员的专业优势，深入整合政府、企业的资源和平台，融入医务义工、社工的公益品质和志愿情怀，搭建患者组织的管理团队和运营平台，制定章程和管理制度，拓展运营活动项目，实施患者组织的功能定位。

三、患者组织的管理现状

近年来，随着我国经济社会的发展，健康中国战略的进一步贯彻落实，患者的需求更加引起社会的关注，各地医院也不断深化改革，通过医院志愿组织来帮助协调，进而有效提高医疗服务的质量。目前国内现有患者组织数量逐年增多，已初步建成了按照不同病种、区域划分，线上和线下结合的患者组织网络，并积累了一定的成功经验，对于患者的健康素养提升、疾病的康复起到了重要的作用。

从实践层面考量，患者组织的牵头人（头雁）十分重要，最好在院内选择有丰富医疗、心理照护经验，同时有一定组织管理能力的“老大姐”（如刚退休的护士长）来承担这项工作，并注意团结已经康复的病友参与管理，充当志愿者。医院还应该在活动场地、资料编印等方面给予适当支持与资助，扶持他们开展活动。

与国外先进经验相比，国内的患者组织依旧存在一些不足和短板，如起步时间较晚、管理较为松散、组织内专业技能局限等问题。随着医学技术在全球范围内的显著提升，目前很多重大疾病，如癌症、尿毒症等，都逐步演变成了“慢性病”。因此，与重大疾病长期抗争，心态的调整十分重要。基于此，国外患者组织十分重视对患者的人文关怀，如成立与疾病相关的心理疏导和兴趣小组，加强患者心理建设，有利于患者以积极昂扬的斗志与病魔抗争。对于此方面，目前国内也在逐渐借鉴学习，其中，中国抗癌协会康复会多次组织各类患者组织召开经验交流会，如全球患者组织经验交流会等。此外，虽然近年来国内逐渐出现一些多方合作型患者组织，但依旧处于发展的初级阶段，存在多方联动不够紧密、责任不够明确等问题。

四、患者组织管理未来的发展方向

在未来很长一段时间里，我国患者组织的发展壮大仍然任重道远，未来的筹划与管理工作思路应从以下三方面进行有效推进：其一，加强患者组织内部的运营管理，加强骨干专业知识培训，制定相关组织章程；其二，重视患者人文关怀，重视心理因素、社会因素等对患者疾病治疗和康复过程中所起到的关键作用；其三，在借鉴国外患者组织优秀经验的前提下，持续探索具有中国特色的患者组织，如政府、企业和医疗机构三方联动，医护人员和医务社工联动等，在多方合作型患者组织管理中注重责任分工明确，切实推动多方共同努力，共同做好患者服务工作。

案例讨论

【案例】广东医科大学附属医院社区健康促进社是一个由糖尿病患者、医护义工等多方合作的患者组织，专门从事糖尿病健康宣教、回访服务、技能培训等专业公益活动，该患者组织负责人是广东医科大学附属医院内分泌科陈教授，他从事糖尿病教育工作20多年，在糖尿病患者健康教育的过程中，他开发了相关的创新性社会实践活动，定期进社区、走基层，把健康理念、科普技能向广大糖尿病患者和社会大众宣教分享，与广大糖尿病患者进行深入地沟通互动，如体验式糖尿病教育活动——通过让糖尿病患者实际操作，让其体验糖尿病并发症的危害，并掌握糖尿病饮食、运动、用药、监测的基本知识，参与社区健康促进社的糖尿病患者病情普遍得到良好的控制。糖尿病患者和社区大众既能得到针对性的医疗技术支撑，又能切实感受到来自医疗工作者的关爱。主持这个项目的陈教授说："一个医生追求什么呢，我觉得最大的幸福就在这里了，也是我最大的乐趣。我们做患者组织的义工，不是为做义工而做义工，要有一种研究者的态度，去管理广大的患者，去造福整个社会，我觉得我目前最大的使命就在这里。"一位医学生义工说："作为医疗工作者，我们最不愿意看到一些患者因为漏诊、误诊或科普知识匮乏、操作技术失当等种种可避免的原因导致错过最佳治疗时期。有时我们在健康筛查工作中经常发出的感叹就是假如患者能够早发现早治疗，可能人生也许就是另外一番景象了，健康促进社给我们授人以渔的机会。"

【讨论】通过本案例，请你想一想，患者组织如何促进患者的自我教育？

本章小结

本章围绕患者组织与自我教育，通过介绍了"同病相怜"所迸发的生命能量、从森田疗法中汲取集体疗愈的动能、开启患者疾苦体验中的"积极心理"等疾苦境遇中的患患关系，描绘了患者教育组织中的叙事宣泄与叙事赋能，介绍了患者组织的类型与管理，阐明了患者组织的管理现状和未来发展方向，以及与实际相结合的优秀案例，激发学员对患者组织与自我教育的深入思考。

（张　旭　王双苗）

参考文献

［1］川原隆造.内观疗法的研讨［J］.日本森田疗法学会杂志，2000，11：380.

［2］严蔓青，施春华.森田疗法在治疗社交焦虑中的应用［J］.中国健康心理学杂志，2014，22（01）：155-157.

［3］秦晓红，杨素云.运用积极心理学优化住院患者心理健康的研究进展［J］.心理月刊，2021，16（15）：225-228+107.

［4］郭莉萍.什么是叙事医学［J］.浙江大学学报（医学版），2019，48（05）：467-473.

［5］陈艳舒，简璐诗，林颢，等.创新义工服务模式 构建和谐医患体系——以全国首家义工"幸福银行"为例［J］.现代医院，2018，18（03）：316-319.

第十三章　书香医院与精神阅读

学习目标

1. 熟悉　书香医院的基本意涵与意义。
2. 理解　医学人文与精神阅读的时代特点。
3. 领会　叙事医学与精神阅读的内在关联。
4. 掌握　建设书香医院的途径。

什么是书香医院？如何建设书香医院？建设书香医院与医院新文化建设有何关联？这是本章必须回答的几个核心问题。

书香医院，顾名思义，就是医院里阅读的氛围、阅读的主题、阅读的品质、阅读的效应都达到较高的水准，不在每天、每周、每月读了几本书，而在于真正走进书本里，与智慧对话，形成一种阅读澄澈心灵的人生境遇。著名教育家朱永新先生曾指出：一个人的阅读史就是他的精神发育史。同样，一个医院的阅读风景就是它的文化风尚，医院新文化建设根基在医患的精神发育，思想升华。因此，医院阅读风尚的养成关乎医患和谐，职业精神，生命意义，关乎疾苦观、生死观、医疗观等。

医院里有两类人，一类是医生、护士、药师、检验师等，是一群见惯了生死、苦难的职业救疗者，他们眼里、手上、身上都充满了故事，他们是一群有故事的人，因为这些故事，他们也是对人生有思考的人。当然，有些故事被记录下来，成为文学纪实，有些故事依旧藏在他们的心理，不时唤起他们的良知。在患者疾苦深重，乃至生命垂危之时，一直陪伴在床边，这是临床医生的职业境遇，他们不仅关注治愈率，更体会到医学中的人性。于是跟文学、艺术、哲学、历史发生了交集，跟记录人情冷暖、人性高下的书籍结下不解之缘，一些医生成为作家，更多作家透过医院洞悉生命真谛。另一类是患者、患者家属，他们是蒙难者，背负着疾苦，穿越着苦难，迎击着死神，他们渴望在生命的悬崖上寻求生与死的真谛，此时的阅读不再是风花雪月的消遣，而是刻骨铭心的追问，尤其是癌症初中期患者的阅读，具有很深的灵魂救赎意涵。医患共读一本书，共同观赏一个剧，创造了一个共情的契机，打开了一个缔结情感道德共同体、价值共同体，乃至命运共同体的窗口。

人常说，医院是哲学家的摇篮，也是文艺作品（生命疾苦主题小说、医疗主题影视剧）的厚土，原因是这里有着关于疾苦、生死，关乎健康、命运的诸多答案。人文最基本的内涵是咀嚼生命，彻悟生命。对于人生意义的思考又会让人们透析生命的全程、全貌，建构生活的意义，更加通透地穿越生活，超越生活。

医院新文化建设语境下的读书，不是泛泛的“开卷有益”，而是有选择地去阅读有内涵、有意义的大书，追求“精神阅读”，带着一颗修行的心去读书，饮人类智慧的甘泉去滋润自己。倡导书香医院的最质朴的道理，就是让书香引领医院的精神气质。通过构建书香医院，让医院的气场回归眷顾生命的慈爱之中，进而引导大家敬畏生命，迎击生命的惊涛骇浪。

第一节　精神阅读促进医院人文落地

一、精神阅读：优化医院文化的软环境

亲近医学人文，通过有品质的阅读去思考医学的真谛，如今已经成为许多临床医生的日课；他们跳脱出繁杂琐屑的事务纠缠，温习历史，探究艺术，鉴赏文学，通过名著去感悟生命。他们深知，唯有读书，才可以与先贤交流，变成一个有智慧的人，笃定心志，探寻追求的意义。在追求的时候学会珍惜，这恰恰是医生最需要的。医生本身的角色并不是神，而应该成为生命的导师。现在的医生却不时扮演着“神”的角色，右手持刀，左手拿药，他们内心的职业善良被生活的烦琐淹没，需要通过读书来唤醒他们内心的柔软，“向死而生”，这句话不只是批发给患者的箴言，也应该是医生的自我修炼。医疗场景中充满了生死爱痛的人生悲喜剧，需要同情、共情、温暖与关怀之心，这些人性的光环需要平时的积累，尤其需要从人文阅读中培育。

案例讨论

【案例】一位年轻医生的阅读心得与分享——阅读书目：《相约星期二》。

这本书是米奇·阿尔博姆的自传式纪实小说。讲述了莫里教授在辞世前的14周为阿尔博姆所讲授的最后一门人生哲理课。莫里罹患肌萎缩侧索硬化，已时日

无多，米奇每周二都上门与教授相伴，聆听他最后的教诲，并在其身后将老人的课程整理出版，就是这本《相约星期二》。

那一天，愈发虚弱的莫里说，昨晚睡了个好觉，在梦里，他发现自己化作了一朵小海浪，他看见跑在前面的层层海浪被击碎在海滩上，最终变得踪影皆无。小海浪的心中突然充满恐惧，因为他想到了自己，害怕也将“被击碎在沙滩上”。后来，小海浪向同伴诉说了心中的绝望，同伴安慰他说，他不会粉身碎骨，也不会灭亡，而是将回归大海，成为广阔海洋的一部分。就在那一刻，莫里说：“我醒了，清醒地坐在床上，我能吃的东西越来越少，我的肌肉一天比一天更无力，我知道，我的生命也会像那朵小海浪一样，即将消散在假想的海滩上。可是，回归大自然又有什么不好呢？生命是有轮回的，也许下一世的我，会是一朵海浪，或是一波惊涛。但最终，每一个人在生命消逝后，都会被融入更大的生命里去，不是吗？”

分享完这个故事，年轻的主治医生沉默了好一会儿说：“那一刻我意识到了，作为医生，我能有的，只是让海浪撞击沙滩的速度更慢一点而已。而一个医生，如果意识不到自己的渺小，就无法真正地理解患者、理解生命。”此刻，他明白了什么是医学人文。医学人文就是沉浸在患者的世界里，激发同理心，在医疗过程中将对人的关注、关切、关心、关怀和尊重融化在无形之中，摆脱功利、抵抗冷漠，战胜人性的弱点。

【讨论】通过阅读这本书，你有什么感悟？

二、精神阅读：让院内技术与人文的天平不再倾斜

日常生活中，阅读有深有浅，浅阅读只是浏览，入眼但不一定入心，深阅读一定是浸润心灵的，称之为“精神阅读”。人在医院，无论是医者，还是患者，都在亲历一场生命的历险，穿越疾苦，乃至生死，面对的是生命母题的叩问，触碰生老病死之苦，生死爱痛之忧，此时此刻，任何阅读都应该是穿透灵魂的。

医院文化倡导人文化的医学，有温度的医疗，要真正地把医学人文讲明白，去深刻理解医学人文。真正建立起有温度的医疗，不能只是“拉横幅、喊口号”，而应着力培育并根植于员工的精神深处，最终转化为良善的行医文化与准则，最有效的途径是寻求有品质的阅读。韩启德先生在《医学的温度》一书中提到：“一个人生命的铸成，需要无数生命的支援、补充、滋润和蕴化。一个医者的合格与成熟，需要知识与实践的支撑，也需要与周围人不断沟通互动，建立起共同面对疾病的医道。感谢生命中的许多‘偶遇’，这些‘偶遇’让我悟到医道中的一些基本情理，他们留给我的记忆，已经变成了我对医

学温度的体验和理解。医学是人学，医道重温度。”要践行医学人文，要了解医学史，了解医学的历史，去阅读文学典籍，通过阅读来充实自己，真正把阅读当作日课。

医院里的阅读生活不限于医护团队，患者、家属也是参与者。在梅奥诊所，社工与患者体验部的重要职能是组织医患共读一本书，共享一部影片，如在他们看来，阅读就是治疗，是更本质的治疗，帮助患者明白人生的真谛，接纳痛苦，豁达死亡。在日本，近年来掀起一股在医院里设置图书岛（角）的新潮，基本理念是医院不仅要提供尖端的医疗技术服务，还要让患者和家属得到精神的滋养，感受到家庭书房里的舒适与充实。于是，他们首先在脑卒中康复医院里设立图书空间，让康复患者同时获得肢体康复与智力（记忆力、判断力、思辨力）康复；甚至在临终病房里也配置了绘本角，让志愿者和家属给弥留中的人朗读生命隐喻的绘本，在绘本意境里走向“天国”；最不可思议的是眼科医院也设置了阅读空间，为失明的患者准备励志的盲文图书或听书频道，为复明的患者提供充满生命感悟的诗歌、俳句，帮助他们咀嚼光明与黑暗交叠所带来的心灵彻悟。

三、精神阅读：优化毕业后医学教育的生态与品质

医学教育并非在学校完成，许多优秀的品质，执业的阅历都是毕业后积累起来的，精神阅读是毕业后教育的主要形式，精神阅读不同于对教科书的条分缕析，也不是知识点的背诵，而是真正的阅读，强调心领神会，旨在阅读中找到职业前进的方向，因此不能一目十行，走马观花、囫囵吞枣。精神阅读不拘泥于某一种形式，根源在于阅读者是不是热爱生活，是不是对这个世界充满了好奇心，是不是感恩自己存在于这个世界，是不是在精神层面上呼唤提升。现代人的生存状态、灵魂状态是怎样的？作为一个阅读者，这或许更是一个需要通过理性质疑才能明了的精神问题。作为生命个体，我们常常容易陷于生命的困惑、灵魂的迷惘之中，乃至精神无所皈依，心灵之舟无所系泊。而阅读，实际上就是一种让我们重新踏上找寻心灵皈依之所的精神旅途。阅读是精神上的豁然开朗，是思想境界的感悟，当阅读从爱好成为习惯，不仅可以充实知识，还可慰藉灵魂。继而煅造强壮的人生观，丰满的医学观，豁达的疾苦观、生死观。

第二节　构建书香医院：从愿景到实操

无疑，书香医院的建设不可能一蹴而就，需要经过长期培育，需要每个人从内心深处有所触动，改变职业休闲模式，需要医院形成良好的人文环境，要多方面、多层

次构建书香医院，需要从医院自身发生转变，并一步一步走下来，落实于实践，“不积跬步，无以至千里；不积小流，无以成江河”，事情的开端总是困难的，但是坚持下去，让阅读真真正正地走进人们心中，把医院的人文环境真真正正地建立起来，也是吾辈需要努力的目标。这里要说的就是建设书香医院要做的事了，即注重人文环境的培养。人文环境的培养包括两个方面：一是医生自身言谈举止的规范，例如中医讲究“望闻问切”，除了便于诊断之外，还起到了感悟患者所感，拉近医患距离的作用。而西医要求着装整齐，也是为了增添患者对于医生的信心。言谈举止的规范，就医生而言其实透视着一个医生的基本能力，就是沟通能力。医学人文作为能力培养首要的就是沟通能力、共情能力的培养。而支撑沟通能力、共情能力的是丰满的人性，人性的滋养又离不开书香。

中国的医学人文离我们有多远？中国的书香医院又有多少路需要走呢？中国工程院院士王辰曾说过：“一个医生要成为良医，人文素养至关重要。人文素养的培养要贯穿于医学教育的各个阶段，包括医学院校的院校医学教育、毕业后医学教育（住院医师规范化培训和专科医师规范化培训）、继续医学教育。”然而，现实情况是，在院校教育阶段，医学人文的教育是明显不足的。在我国现行的医学教育体系中，贯穿始终的主要是科技方面的教育，如解剖学、病理学、药理学、微生物学等。按照教育部发布的我国医学院校人文课程的比例来看，我国的比例（7.54%）远低于欧美国家的比例（20%~26%）。而在更需重视医学人文的临床教育阶段，人文课程只占5%。此外，医学院校的学生们走出了象牙塔，走进医院工作后，也会很快发现，现在医院普遍重视医疗技术的发展，而忽略了人文关怀的开展。现代化的医学技术和医疗设备不断出现，疾病被按照不同位置或类型分配到各个科室。医学已经无限趋向于沉默的技术。患者经常被要求先做几项检查再说其他，或者被告知这个部位或症状不归本科室负责。医生在治疗疾病时，首先关心的不是患者本身，而是通过各项检查报告数据的分析来寻找病因。而从患者角度来说，他们需要首先被当成是有生命的个体，是有思想、有情感的人，其次才是一个患者。

在全国开展书香医院活动中，许多医院筹建了主题图书角，富有创意地开展了主题图书与同名影视（读书与读屏结合）分享会，精彩片段配乐朗读会、戏剧小品演绎，阅读心得演讲分享，将阅读效果提升至艺术的高度。

书香医院的构建没有固定的规程，但有基本的概念，譬如要明确职业的初心与使命，求真求善的价值取向，在道德标准上明确医务工作是一扇启示心灵善良与美好的窗口。此时换位思考，患者自然期待能在就医过程中得到热情、细致的服务，能够在情感上被抚慰。在偌大的医院，对于患者，如果能够有一个舒适的就医环境和便捷的就医流程，对他们而言就是十分贴心了。这些都是医院和医护人员们思考可以改进的地方。通过点点滴滴的努力汇成“尽善”的洪流，最大限度地满足患者的医疗服务需求，让每一个患者享有平等的卫生保健权利。其次，要力求尽美，是在美学修养上对医务人员提出了更高要求。希波克拉底曾说过：“医术是一切技术中最美和最高尚的。”此言不虚，应该融会在着装、言谈、举手投足之中，更要流淌在环境的调度，布置之中，让患者感觉到与医生的交往，与医院的交集是一次美的享受。总之，对生命的敬畏是人文关怀的认知起点，是人类独有的具有终极意义的高贵情感。患者交予医生的是生命，它独一无二，何等尊贵，医护人员必须用尊敬和谨慎的态度对待，不容许丝毫的差错。敬畏医学，则是要时刻谨记当下掌握的医学知识不过是九牛一毛，在知识更新的过程中，需要医护人员认真思考、小心求证、谨慎实践。而尽善尽美的追求，则是构建书香医院的最高境界。

第三节　叙事医学促进精神阅读

一、“细读”升华精神阅读

2001年，叙事医学由美国哥伦比亚大学长老会医院的丽塔·卡伦（Rita Charon）教授在“医学与文学”教学范式的基础上升华而成，源自这位临床医生的精神发育与职业彻悟，既有临床技术生活的积淀，又有文学情怀、人类学路径与哲学洞识的投射。卡伦最早在美国哥伦比亚大学医学院把文学叙事纳入医学教育之中，三年级必修“叙事医学”课程，学习倾听病患的故事，以及如何更敏锐地阅读、理解这些故事。

卡伦赋予“叙事医学”两个重要的认知路径：一是细读（类型文本），二是反思性写作（平行病历），从而使得临床医生在医患情感（共情）、疾苦境遇（体验）、身心社灵（全人）驾驭方面有了新的升华，前提是患者的疾苦叙事、医护的救疗叙事都成为医疗活动的不二主题，医护眼里不再只是各种体检指征、实验室指标，还必须关注患者及家属的故事，卡伦谆谆告诫临床医生：“仅有证据是不够的，故事也是证据。”改善医疗的重要途径不只是药片和手术刀，还有“深入并精准地关注医疗境遇中的生命叙事，讲述和倾听来自患者和医护的自我叙事”。

叙事医学将“细读”这一精神阅读的方法作为叙事医学的标志性方法，一方面深深地将精神阅读镶嵌在临床思维的流程之中，另一方面极大拓展了精神阅读的对象，不再只是系统的、经典的文学作品，而可能是疾苦、生死、救疗、康复主题的类型文学（如癌症文学、肾病透析文学、器官移植文学、残障生存文学等），还可以是出自医护手笔的临床文本（如平行病历、陪伴手记）。同时，超越语言的文本特质，努力再现临床叙事中的言语、沉默、动作、姿态、情绪、既往病史中的话语背景，加入归属与反思，重新审视医患、医医、医护、患患关系，使得疾苦叙事更加完整、立体、中立，疾苦的意义得以重建，从而赋予聆听者以陪伴者、见证者的情景，激发他们成为抚慰者、安顿者的角色冲动。

“细读”的倡导意在发展医护一种特别的能力，那就是心理、情感洞察力，继而诱导出他们的同理心、反思意识，最终抵达医患和谐关系，其背后蕴涵了临床心理学、临床社会学、传播学、文学批评、即兴表演、话语、语义分析等人文社会科学知识，还有现象学哲学、人类学（田野分析）、质性研究等高阶学术工具，只因为叙事医学的专业性、学理性拓展，再也没有人认为精神阅读是一项轻而易举的初阶技能，或者只是临床思维之外的无用技巧。

叙事医学展示了生物病理学与文化病理学的对话，揭示了身体叙事的丰富性，身体既是自我，又不是自我，这里有两个身体，一个为感知自我，一个为感知世界，一个身体吸收这个世界，一个身体则释放自我，身体是世界与自我联系的纽带。叙事医学告诉我们，讲故事的人有两个，一个是叙述者，一个是主人公。疾病使灵与肉发生分离与冲撞，医生既要聆听躯体，又要聆听自我。

叙事医学赋予生命书写以非凡的临床意义，人类疾苦必须写出来，说出来，通过细读而分享开来。只有生命故事可以抵达生命的彼岸（真谛），只有接受生命，才能疗愈生命。

二、细读癌症文学，穿越疾苦与生死

让我们以癌症文学为例，走进细读的叙事医学天地。癌症文学是当下最成熟的叙事医学版块，它作为文学化的癌症经历反刍，癌症罹难的文学化叙事、省思，具有生命书写的类型意义。癌症也是人生最急的“发卡弯”，生活的童话变成了噩梦，它与人类苦难、死亡距离最近（痛苦最悲切，死期可遥望），身心社灵的震荡最激烈。癌症文学（书单最长）最发达，疾苦故事最惨烈，最揪心，也最温暖。对于癌症治疗的手段（技术+人文+社会）与目标最多元（安全、安康，安宁、安详、安顿），对人文干预的渴求最迫切。

癌症文学的体裁多样，有纪实文学（源自医者、患者、家属亲历体验，有疾苦体验的作家，质朴的白描、现场的反思），有小说（癌症人格的塑造，人性的透视），有诗歌（癌症的隐喻、比兴），也有随笔（病中的生命体察与感念）、戏剧、电影（舞台、光影、蒙太奇突出了戏剧冲突与情感渲染）。

癌症文学的意义不仅在于对临床技术叙事的拓展，还深刻揭示癌症的非技术面相，它是疾病史/患者传记（纪实）的典型范式，一次生命（信念）失落、失意、失重、失尊、失控、失速、失魂（落魄）、幻灭的体验。超越了临床医学的关注视域（失能、失眠、失智、失忆），它是灵魂的裸舞，是生命险境中人性、灵性、诗性的抒发，从而明晰生命/生存的意义，对医学/诊疗的真谛进行重新审视与反思，使人生彻悟（豁达）。

癌症文学是病程书写与生命书写的结合，既是疾病的抗争史，也是共生–接纳史，还是生死豁达史，包含了疾苦叙事、死亡叙事、疗愈叙事，富含苦难体验的咀嚼，文学意象、隐喻的丰富呈现，身心社灵的递进，灵性空间的开启。如果说癌症是一次托付生命的壮游，掣动灵魂的远行，癌症文学就是一部记录人生历险的游记，这份游记不仅值得个人珍藏，也值得每一个希望生命精彩的人细细品味、分享。癌症文学的精神阅读史（心灵剧场的角色扮演），不仅是肉身痛苦、心灵苦难、生死（无常）宿命、救疗（无力–无奈）体验的接受史、感受（共情）史、投射史，也是一个人的精神发育史，借他人的苦难，获得自身的彻悟。

癌症是一场人文休克，意味着健康生命可能将不久终止，意味着痛苦的巨大煎熬，意味着生命航船触礁或搁浅，意味着死亡（生命）倒计时的开启，意味着社会身份的破碎，意味着个体心理的崩溃、意志的瓦解，意味着个人或家庭财富的破产，意味着爱欲的隔离与剥夺，无性、无生育机缘。初诊时：顷刻掉进冰窟、深渊，万箭穿心，心乱如麻，心碎滴血；漫长的抗争历程中：常常痛不欲生，生不如死，度日如年，复发的纠结，屡败屡战，人财两空；癌症病程中也会邂逅爱欲：他者（爱情、亲情、医护情、友情、宠物情）的爱，自我的爱，神圣之爱；癌症煎熬中每每有灵修（阅读，修炼）的需求：爱书的患者不孤独，与书为伴，精神发育更充分，还有病中写作的欲念：通过文字去倾诉，寄情，遥想，沉浸，稀释、放下。癌症末期还有各种最后的心事：遗产（物质–精神）、遗愿、遗恨、遗情，道别、道情、道谢、道歉、道爱，最后是无奈的放手（豁达）。

癌症文学有独特的癌症心理/心灵分析桥段，病前的幸福生活，继而是癌前体征的蛛丝马迹，就诊史的曲折跌宕，确诊与漏诊、误诊，沟通感受；宿命拷打以及报应感/罪感/羞耻感的涌现；治疗（住院）抗争史的艰辛与磨难，乐观与悲伤，长坡与陡坡，速胜与速亡，代价与风险；还夹杂着缓解与复发的身心颠簸（淬火），满怀希望与失望、绝望，不甘与顺应；死亡的张望与遐思，恐惧与淡定，逃避与荒诞，想象死亡（自杀、自然死、技术干预死）；身后事与身外事，未了情/愿，安顺与安顿，如何缔结爱的遗产？精神归宿，魂归何处？彼岸抵达（归去来兮）；未亡人的哀伤（创伤）记忆的平复、消退（余韵袅袅）。

癌症叙事充满了文学隐喻与生命隐喻，癌症是命运的当头一棒，癌症是苦海夜航，人生被黑暗包围，情感被冰冷包裹，癌症是更明澈的生命希望幻灭的心理历程。癌症患者十分渴望爱与希望，期待癌症家庭、癌症社区中有更多的情感纽带与关爱支撑。

案例讨论

【案例】书香医院的建设是一种阅读的积累，是一种时间的凝练，是一种文化的沉淀。如何打造书香医院，如何弘扬医学人文精神，落实于行动，开展读书会是一个成功的尝试。

桓兴读书会是北京市朝阳区桓兴肿瘤医院开启的对建设书香医院的一次成功尝试。2016年11月，院内所有爱书的科室，成立了“桓兴读书会”；截至2017年11月，共举办了50次分享会，在第50次分享会上，邢淑君、张元分享了书籍《好好说再见》和微电影《星空日记》，引起了全场的思考和共鸣。

读书会第70期，共读《一个人的朝圣》，读者从不同角度、以不同阅历基础交流各自不同的感悟：身为从医者，对为何在忙碌的工作中还要挤时间读书做了思考与解答。有理由相信，通过坚持读书，我们一定能遇见更美好的风景。“人生是有限的，我们的精神世界也都难免有瑕疵，读书，可能是让我们走向完美的最好方式。”“人这一生处在生老病死的转寰之中，我们有许多不可决定的事和许多不可控制的负面情绪，但我们可以决定如何去丰富我们的生活、调整我们的情绪，而读书，就是最好的方式。医生职业本身就是终身学习的职业。终身学习，始终提醒我们对于疾病、生命有太多未知，始终保持对生命的敬畏之心。”

读书会第118期，分享了一例晚期腹膜后肉瘤患者的生命末期的平行病历，泌尿外科赵雅楠和综合一科梁莉一起分享了一名极为罕见的恶性肿瘤患者求诊的经历。医者用倾听和同理心陪伴家属度过至暗时刻，调动更多的亲属来照顾父亲，患者情绪也逐渐得到平复。医院开展了安宁照护：患者之前是运动健将，每天在床上欣赏病前潇洒泳姿的照片，医生陪她回顾从前的成功、欢乐，回忆美好人生。康复科医生对患者进行床上运动的指导。温馨的医患关系一步一步营造出来。

读书会建设是北京市朝阳区桓兴医院医学人文建设的核心子项目之一，读书会助力书香医院建设的启动，是真正帮助医学人文落地的有力途径。

【讨论】通过本案例，你有什么感悟？对于如何建设书香医院，你有什么好的建议？

本章小结

本章探寻了书香医院的内涵，对医院文化建设的培基效果，精神阅读对于医护精神发育的意义，介绍了建设书香医院的途径与方法，探索如何设置主题书架，开展主题读书会，举办主题图书与同名影视（读书与读屏结合）分享会，精彩片段配乐朗读会、戏剧小品演绎，阅读心得演讲分享，还探究了叙事医学与书香医院建设的互动关系，展望了建设书香医院的未来目标。

（陈　静　王一方）

参考文献

[1] 米奇·阿尔博姆.相约星期二[M].吴洪，译.上海：上海译文出版社，2007.
[2] 韩启德.医学的温度[M].北京：商务印书馆，2020.
[3] 丽塔·卡伦.叙事医学的原则与实践[M].郭莉萍，译.北京：北京大学医学出版社，2021.

第十四章　医院文化评估

学习目标

1. 熟悉　医院文化评估的方法。
2. 了解　医院文化评估的指标体系。
3. 领会　医院文化评估的原则。
4. 掌握　医院文化评估的细则。

医院文化评估（hospital culture assessment），是依据特定的标准、方法和程序对医院文化进行评价和估量的一种活动，它是促进医院文化建设的一个重要手段。医院文化评估，既包括医院对自身文化的评估，也包括主管部门对医院文化建设的考核和主管部门委托第三方对医院文化进行的评估。通过评估活动，可以了解医院文化建设的成绩和不足，及时调整建设方案、优化资源配置。本章将探讨医院文化评估的基本问题和评估指标体系的构建。

第一节　概　　述

一、医院文化评估的内涵和类型

医院文化评估，目前学术界并没有清晰的界定，通常与“医院文化评价”“医院文化考核”等概念交替使用或通用。在汉语中“评价”，通常指“评估价值”，即对某个人或事物进行价值评定；“评估”，通常指“评价估量”，是指依据标准和方法对某个项目、方案、工作进行系统的评价，估量其价值、优缺点和意义，对未来的行动提供决策支持；“考核”则通常指“考察核实”或“考定审核”，侧重上级对下级、教育者对受教育者的考察。从这个角度讲，可以将医院文化评估定义为“依据特定的标准、方法和程序对医院文化进行评价和估量的一种活动”。开展医院文化评估活动，需要有明确的评价标准和工作程序，需要投入足够的资源和时间，评估的目的是为将来的行动提供决策支持。

从评估主体看，医院文化评估可以分为内部评估和外部评估。内部评估是由医院发起组织的、对本院医院文化建设状况进行评价的评估活动；外部评估主要是指卫生主管部门对下属医院的文化建设进行考核或委托第三方对医院文化建设进行评价的评估活动。

二、医院文化评估的原则

（一）以人为本、以评促建

在评估的设计和执行中都要坚持人文导向、以人为本，对医疗服务的评价要突出以患者为中心，在医院内部管理方面要突出以职工为中心。医院文化评估的目的不是吹毛求疵去医院找茬，而是为了通过评估进一步明确优势和劣势、成绩和不足，进一步促进医院文化建设。

（二）公开透明、公平公正

公正是人类的普遍诉求，在医院文化评估中更要坚持程序公正，公开透明，严格按照既定的标准、程序进行评估。

（三）循序渐进、逐步提升

在同一地区的不同医院、同一医院的不同科室，都存在文化建设发展不均衡的现象。在评估时不能脱离实际制定过高的评估标准，这样会对基础较弱的单位形成打击，要根据本地实际情况制定切实可行的、努力一下就有希望达到的标准，逐步完善、逐年提高，定期更新指标体系，推动文化建设不断提升。

（四）重点突出、科学可测

由于医院文化涵盖范围很广，可以考察的指标很多，在评估中要系统设计各方面的指标体系，但由于评估的时间和资源有限，不可能面面俱到，这就需要突出重点，明确导向，通过指标的设置引导医院文化建设的方向，对接受评估的医院起到督促和指导作用。由于通常对医院文化的理解比较偏“虚”，不够具体，在评估中更要科学设置评估指标，提高评估的有效性和可操作性。

三、医院文化评估的方法

医院文化评估方法丰富，在实践中通常多种方法并用，常见的方法有如下几种。

（一）听取汇报

进入评估现场，通常首先要听取被评估单位主管领导所做的医院文化建设工作报告。他们的报告对该医院的文化建设工作进行系统梳理，总结出医院文化的特色、亮点和不足。

（二）查阅资料

查阅资料是医院文化评估的最基本的方法。在评估中，被评估单位通常会按要求准备大量的资料，如各种制度文件、工作记录、媒体报道、出版物等，分门别类供评估专家查阅。评估专家要对这些资料进行甄别和评估，同时还可以根据需要向被评估单位提供更多的支撑材料。

（三）问卷调查

根据以人为本的原则，评估中有时会向患者和医务工作者发放调查问卷，了解他们在本院就医或工作中对医院文化的实际感受（如满意度等），收集他们的意见和建议。问卷设计要科学，要具有良好的信度和效度。

（四）访谈

针对问卷调查和查阅资料中发现的问题，通常要进一步对某些患者（患者家属）或医院工作人员（如医生、护士、管理者）进行访谈，深入了解情况。

（五）现场察看

在评估中，评估专家不能只靠看资料、听报告来进行判断，还要对医院的便民设施、宣传栏、诊室、病房、食堂等进行现场察看，了解实际情况。

四、医院文化评估的过程

正式的医院文化评估，通常分为以下三个阶段。

（一）计划准备阶段

医院文化评估的成功离不开周密的计划和细致的准备，在这一阶段的主要工作如下。

1. 明确评估对象和所需资源　在着手制定评估计划的时候，首先要明确评估的对象，如本次评估具体面向哪些单位，重点考察这些单位的哪些方面，能投入多长时间、多少资源来完成这项评估。

2. 制定评估指标体系　评估时需要有科学、合理、可操作的评估标准，评估指标体系的构建需要投入大量的人力资源，耗费很长的时间才能达成共识。

3. 形成评估工作方案 评估工作方案是评估主体和接受评估单位的行动指南。方案中要明确评估的目的、意义和要求，以及评估的工作流程、时间进度、场地安排、经费筹措等具体问题。

4. 遴选和培训评估专家 医院文化评估既需要有对医院文化相关专业有较高理论修养的专家，也需要有对临床工作和医院管理有丰富经验的专家，这需要评估的组织方遴选足够的合格专家形成评估团队。团队形成后还需要对他们进行专门的培训，使得不同的专家对评价标准形成统一的理解和认识，避免不同的人掌握尺度宽严不一，影响评估的公正性和权威性。

（二）现场评估阶段

现场评估阶段是医院文化评估最为关键的环节，在这一阶段的主要工作如下。

1. 评估主办方负责人致辞，说明评估的目的、评估流程和工作要求。

2. 被评估单位负责人汇报本单位文化建设的主要情况。

3. 通过查阅文献、问卷调查、访谈、现场察看等方式收集信息。

4. 对收集到的信息进行整理和分析，根据评估标准进行打分和汇总，专家组经讨论后得出初步结论。

5. 参与验收评估的专家召开闭门会议，总结评估情况，形成总体结论。在形成评估结论之后，向被评估单位负责人反馈意见，并进行简短交流，肯定成绩、指出不足，就发现的问题进一步讨论，对未来的工作改进提出建议。

（三）总结公布阶段

在现场评估结束后评估者需要汇总不同方面的信息，并进行分析和总结，撰写评估报告，提交给相关部门。评估报告通常要描述评估过程、说明评估方法、报告主要发现、总结优点和不足、提出政策建议。

五、医院文化评估的意义

1. 医院文化评估是检验医院文化建设效果的重要途径 医院文化很多方面都是无形的，需要医院长时间的投入才能见到效果。医院文化评估通过科学地设置评估指标，把无形的医院文化具体到一个个可以检测的指标，将无形的医院文化变得更加直观、可见、可感，让医院能认识到一个时间段内文化建设的现状、成就和不足。

2. 医院文化评估是促进医院文化建设的重要手段 评估的结果和政策建议有助于管理者调整政策和工作方案，提高文化建设资源使用效益。用同一评价指标体系对不同的医院或同一医院不同单位的文化建设进行评估，遴选出优秀的代表进行宣传和表彰，能够以点带面，推动整个地区和整个医院文化建设的积极性和文化水平的提高。

案例讨论

【案例】北京市医院管理局自成立以来高度重视人文医学建设，2016年委托北京大学医学人文研究院开展“北京市属医院人文医学基地建设研究”，协助制定《北京市人文医学基地建设评价标准》。2017年委托北京大学医学人文研究院开展“市属医院人文科室示范基地建设研究”，制定了《北京市属医院人文科室示范基地建设标准》，指导试点医院进行人文科室示范基地建设，并组织专家对三个试点科室的建设情况进行评估验收。2018年，北京大学医学人文研究院再次受北京市医院管理局委托，协助北京市医院管理局第一次在22家医院进行人文科室评估工作。2019年，北京大学医学人文研究院和北京市医院管理局分别更名为北京大学人文学院和北京市医院管理中心，双方加强合作，前者受后者委托开展人文医学师资培训，继续完善评估标准，组织专家进行人文科室评估。2019年3月，召开会议邀请专家总结2018年评估工作经验，征求他们对评估指标体系和评估方案的意见。会后充分吸收了专家们的意见，并经过多次修改，形成了《北京市属医院人文科室建设验收细则》修订稿，并于同年10月30日召开专家论证会进行论证，根据论证会意见完善后形成了《2019年度北京市属医院人文科室建设验收细则》。为了帮助参加评估工作的人员更准确地理解验收细则，分别对验收专家和志愿者进行了两次专门培训，统一认识，努力提升人文科室验收工作的规范化水平。2019年11月11日，北京市医院管理中心下发《关于开展2019年市属医院人文科室现场验收工作的通知》。根据中心的工作部署，2019年11月11—26日，完成了22家市属医院38个科室的评估验收工作。截至2021年10月，共有60个科室被评为“北京市属医院人文科室”。2021年，北京市医院管理中心联合《健康报》利用微信公众号等平台，对这些人文科室的先进经验和典型事迹进行了报道和推广，极大地调动了北京市属医院推动文化建设的积极性，产生了积极的社会效应。

【讨论】北京市医院管理中心组织的人文科室评估活动具有哪些特点？对医院文化评估具有哪些可资借鉴的内容？

第二节　医院文化评估的指标体系与考核细则

医院文化的四个层面中，精神文化是核心，物质文化是基础，管理文化是保障，行为举止是最终体现，四者之间相互依存、互相促进。因此，在制定医院文化评估指标时，应从精神层面的文化理念、制度层面的管理体系、物质层面的环境设施、行为文化层面的行为举止四个维度设置可以观测的评估指标，增强其可操作性。

2016年，本章编者受某市三甲医院管理部门委托主持起草了一个医院文化建设评价体系，并组织专家进行多次研讨论证；为进一步增强评价指标的可行性和可操作性，2017年又进一步修改评价指标体系，选取了两个三甲医院，通过查阅资料、员工访谈、患者访谈、实地察看等方式进行试评价。现以此为基础，根据试评价的反馈、参考中国医师协会“人文爱心医院”推选通知等文件，尝试提出一个医院文化评价的指标体系和考核细则，并对相关指标进行简要的注释说明。这些指标只是当时结合当地实际情况设立的，不具有普遍意义，应用时需要根据不同地区、不同类型医院的实际情况进行增减和修改。

一、医院的文化理念

1．有体现医院服务特点的核心价值观、院训、使命陈述等表述。

考核方法：查阅资料、听取汇报。

考核细则：有一项则得1分，没有不得分。

分析评论：医院的核心价值观是指导医院员工行为和决策的信仰系统和基本原则。大多数医院都制定了自己的院训、使命陈述、核心价值观表述，但有些医院的这些表述缺乏特色，千篇一律，不能深入人心，无法凝聚共识。

2．医院战略规划中包含医院文化建设内容。

考核细则：有则得1分，内容精彩得2分，没有不得分。

考核方法：查阅资料、听取汇报。

分析评论：战略规划等体现了医院发展的愿景和路线图，是否将医院文化建设列入战略规划、作为提升医院竞争力的战略举措，体现了医院对文化建设的重视程度。

3．医院所有工作人员能识别院徽，了解院训、办院宗旨和办院理念。

考核细则：满足其中两项及以上得2分，没有不得分。

考核方法：询问员工。

分析评论：在调研中发现，有的医院委托公司设计了一套核心价值观表述和视觉识别系统，但只停留在了纸面上，而没有深入员工心中，无法发挥应有的作用。

4. 在入职培训及青年医生培训计划中有关于医院文化理念等核心价值体系的培训内容。

考核细则：有培训内容得2分，没有不得分。

考核方法：查阅资料、听取汇报。

分析评论：入职培训是新员工融入医院文化的一个关键节点。

5. 医院通过医院官方网站、微博、公众号、院内展示等各种渠道传播和宣传医院文化理念。

考核细则：设置有展示人文工作的文化长廊、主题墙或文化角等场所或设施，相关内容及时更新，每季度不少于1次得1分；利用医院微博、公众号等渠道展示医院文化相关工作，每季度不少于1次得1分。

考核方法：实地察看。

分析评论：医院的理念需要通过各种途径宣传，达到“随风潜入夜，润物细无声”的效果。

二、医院的管理体系与关注谱系

（一）领导体制

1. 医院主要负责人具有人文情怀，高度重视医院文化工作，医院领导层对文化建设有明确的领导分工。

考核细则：领导高度重视得2分，有明确分工得2分。

考核方法：查阅资料、听取汇报。

分析评论：院长、党委书记等主要负责人对医院文化建设影响非常大，主要负责人是否重视这项工作，院领导对医院文化建设是否有明确的分工，是影响医院建设的重要因素。

2. 医院文化建设纳入整体管理目标，确定管理内容、流程及考评方法。

考核细则：查阅资料、听取汇报。

考核方法：未列入得0分，列入管理目标得1分，列入管理目标且有具体考评方法的得2分。

分析评论：把医院文化建设纳入医院管理模板进行考核，是促进医院文化建设的有效途径和医院重视文化建设的重要标志。

3. 医院党政领导班子讨论研究文化建设的制度和措施，并保留工作计划、实施办法、总结报告等文件。

考核细则：有得2分，没有不得分。

考核方法：查阅资料。

分析评论：通过痕迹管理考察日常工作。

（二）关怀员工

1. 医院开设多种渠道广泛听取员工的意见和建议。

考核细则：一种渠道给1分，一种以上给2分。

考核方法：查阅资料、听取汇报。

分析评论：考察员工参与民主管理的情况。

2. 员工的意见建议能够得到有效反馈。

考核细则：抽查3条意见，每条有反馈档案的得1分。

考核方法：查阅资料、员工访谈。

分析评论：医院不但要听取员工的意见，还要采取积极的行动回应员工诉求。

3. 员工受到不公正对待或其合法权利在受到侵犯时有申诉维权的渠道。

考核细则：有相关申诉制度者得1分，有专门受理机构得2分，受理机构有员工维权成功记录者得3分。

考核方法：查阅资料。

分析评论：考察员工权益维护情况。

4. 医护人员在工作中因医患矛盾致使正当权益受到侵害时，给予支持。

考核细则：建立相应机制或有相关案例得2分。

考核方法：查阅材料+医务人员访谈。

分析评论：考察医院对员工维权的支持。

5. 员工有清晰的职业发展途径、公平的晋升机会和丰富的培训机会。

考核细则：随机查医疗、护理、医技、行政4个岗位人员，每个岗位询问3名员工，每名员工0.5分。

考核方法：询问员工。

分析评论：职业发展是员工的核心利益之一。

6. 医院或科室采取多种形式关爱员工。

考核细则：列举3条关爱措施或者案例，每项1分。

考核方法：查阅资料、询问员工。

分析评论：为员工提供解决心理压力及职业耗竭的途径和方法，并结合业务工作，设有工作减压、心理疏导等具体帮助措施；当本科室员工遭遇个人或家庭困难和危机时能给予关注和帮助。

（三）尊重患者

1. 医院有患者权利与义务告知制度。

考核细则：有制度得1分，有有效的告知途径的2分。

考核方法：查阅资料，实地察看。

分析评论：此项目标旨在督促医院通过在显著位置（如门诊大厅）张贴患者权利和义务的海报等方式，提高医务人员保护患者权利的意识，督促患者履行相应的义务。

2. 医院有告知患者提意见途径的宣传标识。

考核细则：随机抽查门诊大厅、分诊区、病房区，每个区域各占1分。

考核方法：现场察看。

分析评论：拓展患者与医院沟通的渠道。

3. 患者投诉渠道畅通，患者的意见建议能够得到有效反馈。

考核细则：有多次反馈记录且记录完整者得3分，次数少或者记录不完整者酌情扣分，没记录不得分。

考核方法：文献查阅。

分析评论：督促医院及时处理患者的投诉，并对投诉处理如实记录，促进医院更好地与患者建立良性互动。

三、医院的环境设施

1. 门诊有医务人员专用休息区。

考核细则：有医务人员休息区得2分，没有不得分。

考核方法：现场察看。

分析评论：此项指标旨在鼓励医院在条件许可的情况下设立医务人员专用休息区，良好的休息有助于医务人员提供高质量的医护服务。

2. 医院院内的导引标识位置醒目、引导清晰。

考核细则：无平面图等导引标识得0分，有标识且引导清晰得1分，标识位置醒目得1分。

考核方法：现场察看。

分析评论：清晰的引导系统能够方便患者就医。

3. 导诊人员配备合理、专业、服务热情。

考核细则：无导诊人员得0分；门诊大厅配置导医得1分；大厅和候诊区都配备导医得2分；导医具备医学背景加1分。

考核方法：现场察看。

分析评论：导诊服务极大方便了患者就医，有医学背景的导诊更有利于患者就医。

4．医院放射性检查科室对患者及陪护人员有防辐射保护器具，对医务人员进行剂量监测。

考核细则：患者及其陪护人员有器具得1分，医务人员有剂量监测得1分。

考核方法：实地考察。

分析评论：保护患者和医生的健康是医院的重要责任，医院有义务提供相应的设施并在管理中严格落实相关要求。

5．患者病床之间有遮挡装置。

考核细则：有装置得2分，没有不得分。

考核方法：实地考察。

分析评论：保护患者隐私是尊重患者的重要体现。

6．患者被服干净整洁。

考核细则：被服干净得2分，不够干净酌情扣分。

考核方法：实地考察。

分析评论：干净整洁的被服有利于患者康复，也体现了医院的管理水平。

7．为残疾人提供无障碍设施。

考核细则：设置坡道、走廊防撞扶手、残疾人专用电梯按钮、坐便区设施、轮椅等，有一项得1分，没有不得分。

考核方法：实地考察。

分析评论：尊重残疾人和失能患者。

8．卫生间清洁舒适，设有方便患者的设施。

考核细则：卫生纸、洗手液、挂钩、搁物台有一项得1分，最多3分，没有不得分。

考核方法：实地考察。

分析评论：卫生纸、洗手液、挂钩、搁物台东西虽小，却能为患者带来很大方便。医疗机构提供这些物品，不仅是惠民之举，也体现了组织的人文关怀。

9．膳食营养部门能为职工提供满足卫生标准、价位合理、种类多样、营养均衡等需求的菜品，并定期征求职工意见和建议。

考核细则：随机访谈3名职工，卫生标准、合理价位、种类多样、营养均衡每项0.25分，有征求意见和建议记录得1分，没有不得分。

考核方法：实地考察。

分析评论：作为健康的守护者，医务人员更应该有良好的膳食条件。

四、员工的行为举止

1. 医务人员着装规范、整洁，正确佩戴胸牌。

考核细则：随机察看4名医务人员，每名1分。

考核方法：实地考察。

分析评论：医务人员的着装体现了医院的精神面貌。

2. 医务人员对患者的权利有充分的了解。

考核细则：随机询问4名医务人员关于患者的权利的内容，每名1分。

考核方法：询问员工。

分析评论：医务人员应熟知患者权利。

3. 医务人员能够用患者理解和接受的方式及语言进行告知交流。

考核细则：随机询问6名患者，每名1分。

考核方法：询问员工。

分析评论：患者的文化、地域等背景日益多元，能用患者理解的方式和语言进行沟通是医务人员的一大挑战。

4. 医务人员与患者沟通时注重目光交流。

考核细则：随机观察6名医务人员，每名1分。

考核方法：实地考察。

分析评论：目光交流是沟通的重要方面。

5. 医务人员注重对患者的保护。

考核细则：就注重手卫生、动作轻柔、遮挡患者暴露部位、不随意谈论患者病情、妥善保管病历资料等情况，随机观察6名医务人员，每名1分。

考核方法：现场察看。

分析评论：小处着手，保护患者权益。

6. 医院的工作人员能够耐心地解答患者咨询。

考核细则：随机观察或询问3名工作人员，每名1分。

考核方法：现场察看或体验。

分析评论：患者是医院中最重要的人，是医务人员的工作对象，患者咨询并不是打扰医务人员工作，这是医务人员的本职工作。

7. 将医疗救治与人文理念相结合，积极创新和采用能够体现对患者人文关怀的医疗技术。

考核细则：能开展有科室特色的对患者、医务人员的人文关怀活动或应用体现对患者人文关怀的医疗技术，每项得5分，不超过10分。

考核方法：集中评审。

分析评论：将人文渗透进医疗技术，代表了医院文化的深度。

本章小结

医院文化评估是依据特定的标准、方法和程序对医院文化进行评价和估量的一种活动，是检验医院文化建设效果的重要途径和促进医院文化建设的重要手段。医院文化评估的过程通常分为计划准备阶段、现场评估阶段、总结公布阶段三个阶段。在整个过程中应坚持“以人为本、以评促建”“公开透明、公平公正”“循序渐进、逐步提升”“重点突出、科学可测”等原则，结合听取汇报、查阅资料、问卷调查、访谈、现场察看等方法开展评估。在制定医院文化建设评价指标时，应从精神层面的文化理念、制度层面的管理体系、物质层面的环境设施、行为文化层面的行为举止四个维度设置可以观测的评估指标，增强其可操作性。最后介绍了一个医院文化评价的指标体系，并详细列举了考核细节和考核方法，供学员参考。

（谢广宽）

参考文献

[1] 周乃忠，郑建中.医院文化建设评价指标体系的建立[J].现代医院管理，2012，47（2）.78-80.

[2] 常娟，程齐波.医院文化评价指标体系的研究[J].西北医学教育，2009，17（3）：596-599.

[3] 郭彪，陈任，胡志，等.我国医院文化评价研究进展[J].中国农村卫生事业管理，2013，（8）888-891.

[4] 薛迪，曹建文，陈红玲，等.医院文化的评价[J].中国医院管理，2005，25（2）：57-59.

[5] 侯永利，席彪.现代医院文化建设评价指标体系研究[J].中国医院管理，2003，23（9）：63-64.